生命教育丛书
SHENG MING JIAOYU CONGSHU

人最宝贵的是生命，生命只有一次。

# 珍爱生命
# 学会感恩

生命是灿烂的，是美丽的；生命也是脆弱的，是短暂的。让我们懂得生命，珍爱生命，让我们在生命中的每一天，都更加充实，更加精彩！

本书编写组
孟微微 程文龙 王玮 欧阳秀娟 ◎编著

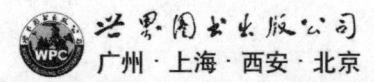

世界图书出版公司
广州·上海·西安·北京

图书在版编目（CIP）数据

珍爱生命 学会感恩/《珍爱生命 学会感恩》编写组编著. —广州：广东世界图书出版公司，2009.12（2021.5重印）
ISBN 978-7-5100-1641-7

Ⅰ.①珍… Ⅱ.①珍… Ⅲ.①品德教育–青少年读物 Ⅳ.①D432.62-49

中国版本图书馆 CIP 数据核字（2009）第 237659 号

| 书　　名 | 珍爱生命 学会感恩 |
|---|---|
|  | ZHENAI SHENGMING XUEHUI GANEN |
| 编　　者 | 《珍爱生命 学会感恩》编写组 |
| 责任编辑 | 吴怡颖 |
| 装帧设计 | 三棵树设计工作组 |
| 责任技编 | 刘上锦　余坤泽 |
| 出版发行 | 世界图书出版有限公司　世界图书出版广东有限公司 |
| 地　　址 | 广州市海珠区新港西路大江冲 25 号 |
| 邮　　编 | 510300 |
| 电　　话 | 020-84451969　84453623 |
| 网　　址 | http://www.gdst.com.cn |
| 邮　　箱 | wpc_gdst@163.com |
| 经　　销 | 新华书店 |
| 印　　刷 | 三河市人民印务有限公司 |
| 开　　本 | 787mm×1092mm　1/16 |
| 印　　张 | 13 |
| 字　　数 | 160 千字 |
| 版　　次 | 2009 年 12 月第 1 版　2021 年 5 月第 6 次印刷 |
| 国际书号 | ISBN 978-7-5100-1641-7 |
| 定　　价 | 38.80 元 |

版权所有　翻印必究

（如有印装错误，请与出版社联系）

# 光辉书房新知文库
# "生命教育"丛书编委会

主　编：
　　梁晓声　著名作家，北京语言大学教授
　　王利群　解放军装甲兵工程学院心理学教授

编　委：
　　康海龙　解放军总政部队教育局干部
　　李德周　解放军西安政治学院哲学教授
　　张　明　公安部全国公安文联会刊主编
　　过剑寿　北京市教育考试院
　　张彦杰　北京市教育考试院
　　张　娜　北京大学医学博士　北京同仁医院主任医师
　　付　平　四川大学华西医院肾脏内科主任、教授
　　龚玉萍　四川大学华西医学院教授
　　刘　钢　四川大学华西医学院教授
　　张未平　国防大学副教授
　　杨树山　中国教师研修网执行总编
　　张理义　解放军102医院副院长
　　王普杰　解放军520医院院长　主任医师
　　卢旨明　心理学教授、中国性学会性教育与性社会学专业委员

执行编委：
　　孟微微　于　始

## "光辉书房新知文库"

总策划/总主编：石　恢
副总主编：王利群　方　圆

**本书作者**

孟微微　陈文龙　王　玮　欧阳秀娟

# 序：让生命更加精彩

在中国进入经济高速发展，物质财富日渐丰富的同时，新的一代年轻人逐渐走向社会，他们中的许多人在升学、就业、情感、人际关系等方面遭遇的困惑，正在成为这个时代的普遍性问题。

有媒体报道，近30%的中学生在走进校门的那一刻，感到心情郁闷、紧张、厌烦、焦虑，甚至恐惧。卫生部在"世界预防自杀日"公布的一项调查数据显示，自杀在中国人死亡原因中居第5位，15~35岁年龄段的青壮年中，自杀列死因首位。由于学校对生命教育的长期缺失，家庭对死亡教育的回避，以及社会上一些流行观念的误导，使年轻一代孩子们生命意识相对淡薄。尽快让孩子们在人格上获得健全发展，养成尊重生命、爱护生命、敬畏生命的意识，已成为全社会急需解决的事情。

生命教育，顾名思义就是有关生命的教育，其目的是通过对中小学生进行生命的孕育、生命的发展等知识的教授，让他们对生命有一定的认识，对自己和他人的生命抱珍惜和尊重的态度，并在受教育的过程中，培养对社会及他人的爱心，在人格上获得全面发展。

生命意识的教育，首先是珍惜生命教育。人最宝贵的是生命，生命对于我们每个人来说，都只有一次。在生命的成长过程中，我们都要经历许许多多的人生第一次，只有我们充分体验生命的丰富与可贵，深刻地认识到生命到底意味着什么。

生命教育还要解决生存的意义问题。因为人不同于动物，不只是活着，人还要追求人生的价值和意义。它不仅包括自我的幸福、自我的追求、自我人生价值的实现，还表现在对社会、对人类的关怀和贡献。没有任何信仰而只信金钱，法律和道德将因此而受到冲击。生命信仰的重建是中小学生生命教育至关重要的一环。这既是生命存在的前提，也是生命教育的最高追求。

生命教育在最高层次上，就是要教人超越自我，达到与自身、与他人、与社会、与自然的和谐境界。我们不仅要热爱、珍惜自己的生命，对他人的生命、对自然环境和其他生命的尊重和保护也同样重要。世界因多样生命的存在而变得如此生动和精彩，每个生命都有其存在的意义与价值，各种生命息息相关，需要互相尊重，互相关爱。

生命是值得我们欣赏、赞美、骄傲和享受的，但生命发展中并不总是充满阳光和雨露，这其中也有风霜和坎坷。我们要勇敢面对生命的挫折和苦难，绝不能在困苦与挫折面前低头，更不能抛弃生命。

生命是灿烂的是美丽的，生命也是脆弱的是短暂的。让我们懂得生命，珍爱生命，使我们能在生命中的每一天，都更加充实，更加精彩！

**本丛书编委会**

# CONTENTS 目 录

引言 …………………………………………………………… / 1

第一章　感受生命的精彩 ……………………………………… / 4

　　人类生命的诞生 ………………………………… 瘦驼 / 7

　　生命 …………………………………… [美] 克伦·沃森 / 11

　　生命的问句 ……………………………………… 田彩虹 / 12

　　人生的加减乘除 ………………………………… 牟丕志 / 14

　　享受生命的春光 ………………………………… 李海燕 / 17

　　我很重要 ………………………………………… 毕淑敏 / 19

　　人生可以很简单 ………………………………… 厉志 / 22

　　我喜欢 …………………………………………… 张晓风 / 24

　　无人喝彩 ………………………………………… 张小石 / 27

第二章　那一份清醒的疼痛 …………………………………… / 29

　　磨难，人生的一种财富 ………………………… 许文红 / 32

　　永不道别 ………………………………… [美] 博伊尔斯 / 33

　　吹着口哨回家 …………………………………… 乔叶 / 36

风不能把阳光打败 …………………………… 毕淑敏 / 40

生命之约 …………………………………………… 解力夫 / 42

喜悦 ……………………………………… 鲍尔吉·原野 / 45

贫穷是最好的大学 ………………………………… 金本 / 47

## 第三章 爱自己是人生的起点 ………………………… / 53

为自己负责 ………………………………………… 乔叶 / 57

学会欣赏 ………………………………………… 张晓惠 / 60

在那生死一瞬间 …………………………………… 刘墉 / 62

黄玫瑰的心 ………………………………… [台湾] 林清玄 / 65

每天看到自己的优点 ……………………………… 一哲 / 68

愉快的棒球 ………………… [美] 大卫·威斯特菲尔德 / 70

微笑如花 ………………………………………… 董保纲 / 73

生命在于运动 ……………………………… [德] 叔本华 / 75

## 第四章 真爱围绕在我们身边 ………………………… / 77

日不落家 …………………………………… [台湾] 余光中 / 81

红木钢琴 …………………………… [美] 亚士里拉·杰夫 / 89

一个孩子的发现 ………………………… [加拿大] 巴尔特 / 92

母爱没有具体的内容 …………………………… 胥雅月 / 97

购买奇迹 ………………………………… [美] 亚历山大 / 100

生命的药方 …………………………… [美] 托马斯·沃特曼 / 102

2

梅老师 …………………………………… 汝荣兴 / 104

爱的礼服 …………………………………… 朱蕾 / 107

恩重如山 …………………………………… 鲁先圣 / 110

西蒙的爸爸 ………………………………[法] 莫泊桑 / 112

## 第五章 感谢他人给予的一缕阳光 ……………………… / 123

孝心无尘 …………………………………… 钱国宏 / 127

送给妈妈一副皮手套 ……………………… 荣星 / 128

爱中天堂 …………………………………… 崔浩 / 131

祝你生日快乐 …………[美] 罗伯特·泰特·米勒 / 133

少年的拥抱 ……………[美] 南希·诺埃尔·玛拉 / 137

一次喝彩，改变了他的一生 ……………… 张峰 / 139

祖母的玫瑰花 …………………[美] 萨拉·L·哈德森 / 141

为他人默默许愿 …………………………… 刘心武 / 144

## 第六章 为生活的赐福而感恩 ………………………………… / 146

生活是什么 ………………………………… 顾文 / 149

倾听大自然母亲的心跳 …………………… 赵鑫珊 / 151

用爱倾听 …………………………………… 方冠晴 / 154

谁是给你幸福的人 ………………………… 曼的 / 157

拿什么来报答你，我的母亲？ …………… 戴凤德 / 162

给予树 …………………………[美] 谢尔·西弗斯汀 / 165

小提琴的力量 …………………… ［澳大利亚］布里奇斯／167

第七章　生命中的每一天 ……………………………………／171

　　追寻充实的生命 ………………………………… 巴金／175

　　人世欢乐……………………………………… 蒋丽萍／180

　　人格的核心是自信 ……………………………… 刘丹／182

　　倾听滴水……………………………………… 何羽／185

　　拥有彩色的人生 ………………………………… 刘墉／188

　　如果我是你 …………………………… ［台湾］三毛／191

　　让我们藏起眼泪微笑 ……………………………… 刘波／194

# 引 言

　　神说，地要长出青草和结种子的蔬菜，各从其类，以及结果子的树，也各从其类，果子都包着核；事情就这样成了。于是，地长出了青草和结种子的蔬菜，它们各从其类，还有结果子的树，也都各从其类，果子都包着核；神说，这很好。

　　神说，水要多多滋生有生命之物；要有雀鸟在地面以上、天空之中飞翔。神就造出了大鱼和水中所滋生的各种有生命的动物，它们各从其类，又造出各种飞鸟，也都各从其类；神说，这很好。

　　神用地上的尘土造人，将生气吹到他的边鼻孔里，他就成了有灵魂的活人。

　　这是《旧约全书·创世纪·传道书》中对生命起源的一种描述。

　　中国古代神话中有着"女娲抟土造人"的传说，女娲根据自己的想象，用黄土捏出了一个泥娃娃，她用天地的灵气混合在这抔黄土之上，这个泥人立刻就活了过来，而且有着和她同样的说话和思考能力。于是，女娲扯来一根长长的野藤，用法力把野藤伸入到泥潭中，然后用力一抽一甩，无数的泥点被甩了起来，而这些泥点一落地，立刻变成了哇哇乱吼的小人。通过这个方法，女娲很快便造出了神州大地上的芸芸众生。

　　19 世纪，英国生物学家达尔文为人类的起源提供了一个极具代表性学说——进化论。根据进化论，人们推测地球生物进化的总模式是：无脊椎动物——脊椎动物——哺乳动物——灵长类动物——

猿猴类动物——人类。由此推论出人类由动物进化而来，从而得出了人类起源于古猿的结论，这便是现代人类起源说。

脱离了古猿，人类就成为现代意义上的人类了吗？后来，历史学家、生物学家、考古学家、人类学家，甚至是哲学家，他们根据化石的发现，为我们描绘了人类脱离古猿后的发展历史：猿人阶段（约200万～300万年以前）——古人阶段（约20万～5万年前）——新人阶段（5万年以前）。

从古猿到现代人，我们的祖辈足足走了几百万年，可见，人类的发展是一个多么漫长的过程。要知道，我们肩负着人类几百万年以来的历史使命，所以，我们必须踏踏实实地走好每一步！

人们常说"生命是美好的"，她朴素平淡而又绚丽缤纷，她坚韧刚毅而又泰然、超然。在诺贝尔的眼中，"生命是自然送给人类的未经雕琢的宝石"；在伯克的眼中，"生命在闪耀中现出绚烂，在平凡中现出真实"；而大作家罗曼·罗兰对她的推崇更是让人心动，"世界上只有一种英雄主义，那就是了解生命而且热爱生命的人"……

在泰坦尼克号沉没的那一瞬间，男主角在冰冷的海水中对女主角说："爱我，就要好好活着，活得越有意义，越能证明生命的价值！"凭这份爱的力量，女主角最终顽强地活了下来。男主角在灾难面前用生命诠释了"活着"的意义：好好活着，活得越精彩越有意义！

在北川灾区，一名老师奇迹生还后，他告诉人们的第一句话是："一定要好好地过好每一天，珍惜每一天！"——只有经过死亡考验的人们才能真切地从心底发出这样的呼喊：好好活着，就是对逝者的一种最好的悼念！

珍爱生命，就是要珍惜人世间的每一份真情，爱你所爱，淋漓

# 引言

尽致，无怨无悔；孝你所孝，无微不至；快乐着你的快乐，忙碌着你的忙碌，感动着你的感动，享受着生命赐予的阳光雨露，书写着生活赋予的鲜活精彩。

"感恩"二字，现代汉语词典给出的定义是："对别人所给的帮助表示感激。"，"谁言寸草心，报得三春晖。""谁知盘中餐，粒粒皆辛苦。"，我们小时候背诵的这些诗句，讲的就是感恩。"滴水之恩，涌泉相报。"，"衔环结草，以恩报德。"，中国绵延多年的古老俗语，告诉我们的也是感恩。

感恩是每个人应有的基本道德准则，是做人的起码修养。如果人与人之间缺乏感恩之心，必然会导致人与人之间关系的冷漠，我们有些学生大手大脚花父母亲的血汗钱，对父母的馈赠从不感谢；对朋友的帮助少有言谢；稍有不如意，便大发牢骚，总觉得世界欠自己太多，社会不公平，动辄诉诸暴力，或以死相胁，一不小心就走入两个极端，或者目空一切，或者内向自卑……

不懂感恩，就失去了爱的感情基础。不懂得知恩图报、反而忘恩负义之人，必是遭人唾骂的无耻之人，所以，每个人都应该学会感恩。学会感恩，感谢父母给了我们鲜活的生命，无论贫穷与富贵，高尚与卑微，珍惜活着的感觉真好；感谢老师的谆谆教诲，是他把我们从一个无知的孩童，培育成一个全面发展的学生；感激朋友在我们最困难的时候能够伸出双手，真诚地帮助了我们；感恩一切善待帮助我们的人，甚至仅仅是对自己没有敌意的人；还有怨恨你、伤害你、抛弃过你的人，毕竟都是我们短暂人生回忆中的精彩部分。

在我们身边，每天都有感恩的故事发生，如果用心去体会，时时都会有终生难忘的温馨。天天都有感恩之心，是多么幸福、清净的境界！

# 第一章 感受生命的精彩

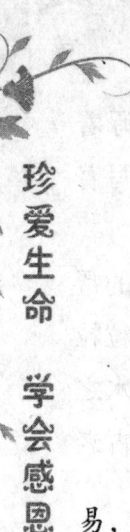

地球因生命而生机勃勃，世界因生命而丰富多彩。生命来之不易，生命的诞生是一种偶然，更是一种幸运。科学告诉我们：我们来自于受精卵。受精卵是由爸爸的精子和妈妈的卵子结合而成的。几百万个精子争先恐后地游向它们的终点——隐蔽在输卵管中的卵子。如果在输卵管内正好遇到从卵巢里排出的卵子，这些精子就会立即包围卵子。每个精子都试图穿透卵泡壁而进入其中，但一般最终能攻破卵子的只有一个。精子与卵子相遇后形成受精卵，即生命的雏形。受精卵回到妈妈的子宫腔，住在温暖舒适的子宫里，开始了长达280天左右的"寄居"生活。受精卵分裂形成胎儿，胎儿通过脐带、胎盘从妈妈的身体里获得充足的营养，在妈妈的子宫里发育成长。

9个月后，胎儿成熟了，可以到外边的世界生存了。妈妈的子宫发生剧烈收缩，迫使胎儿从阴道娩出。这就是生命诞生的全过程。

原来，我们每一个人都是爸爸、妈妈爱的结晶，是大自然的恩赐。我们能来到这个世界真是幸运。

生命是如此的来之不易，同时，生命中也充满了许许多多的精彩，用心去感受这些精彩，为生命学会感动，为生命懂得珍惜。

## 第一章　感受生命的精彩

《人类生命的诞生》：小时候，我们常常用天真的眼神望着父母，撒娇地问，我们是从哪儿来的么？长大一点，会知道作为一个母亲，怀胎十月生育的不易。但是，我们以为仅仅是"不易"，其实却是凶险万分。孕前反应、孕中身重、生产、孕后调理——每一个环节稍有不慎，一个生命便可能消逝不见，更别提这个小生命形成过程中的生理和心理斗争了。

生命本身就是一个孕育了太多痛苦与喜悦的奇迹。我们有什么理由不珍惜自己创造的这个奇迹，让它变得更加有意义呢？

《生命》：蜜蜂和人在体积上比较起来，简直太悬殊了。但是面对人的两次攻击，它从未放弃对生命的渴求，一次次从沙土中顽强地钻出来，不懈地整理着翅膀，试图飞起来。蜜蜂的举动让人震撼，让人敬仰。试问，还有什么比善待生命更可贵的呢？

《生命的问句》：作者借四种人对有毒的树的不同心态来揭示人们对"生命"的不同看法。"人生永远是朝向你所思考的方向前进"，你用不同的方式对待，就会导致不同的结果。

《人生的加减乘除》：人生需要加法，这样我们才能把它变得丰富多彩；人生需要减法，减去人生过重的负担，否则，负担太重，人生不堪重负，结果往往事与愿违；人生需要乘法，抓住机遇，实现跳跃；人生需要除法，幸福公式告诉我们，在目标实现值固定的前提下，目标期望值越高，幸福程度越低，而期望值越低，幸福程度越高。所以与树立人生远大目标而言，人生树"近小"目标，是有其现实意义和科学因素的。

人生离不开加减乘除，它的精彩就在于需要自我经营。

《享受生命的春光》：生命的精彩不在于能索取多少，而在于那无私的奉献。从一个生命即将走到尽头，却执意要捐献出眼角膜的女护士身上，我们了解了生命原来可以如此的无私、伟大。学会奉献，学会爱，我们的生活会充满更多的幸福与快乐，我们的人生将变得更富有意义。

《我很重要》：在这颗生生不息，生命循环往复的蓝色星球上，每一个人都是独一无二的，即使平凡，即使普通，但对于在意我们的人来说，我们依然很重要。感受自己生命的那份精彩，健康地活着，让爱你的人无比安慰。

《人生可以很简单》：其实人生可以很简单，只要能懂得"珍惜、知足、感恩"，生命就会有光彩。珍惜现在所拥有的，不要等到失去的那一天懊悔不已；过多的欲望常压得人透不过气来，所以学会"知足者常乐"这门人生哲学是非常重要的；人生有感恩，便会有快乐，怀着一颗感恩的心去面对世界，你便会发现生活的美好。

《我喜欢》：活着是一种幸福，因为它可以让我们享受人世间一切美好的事物。只要心中洒满阳光，即使再平凡、再琐碎的生活点滴，都一样可以让我们感到喜悦，感到幸福。

《无人喝彩》：只要在自己生存与生活的环境中，大部分人能容纳你、接受你，小部分人能善待你、喜欢你，有那么几个人能牵挂你、真爱你，那么，即使无人喝彩，我们依然可以昂扬向前，没有掌声，我们一样可以虔诚地歌唱。

生命的精彩，无处不在。

只要善于发现，用心感受，精彩就在你的身边！

# 第一章　感受生命的精彩

## 人类生命的诞生

瘦 驼

生命是宇宙给予地球最宝贵的一份礼物，我们知道，动物有生命，植物有生命，微生物也有生命，而我们人类的生命是地球所有生命中最具灵性、最奇特的。那么，你知道你我的美丽生命是如何诞生的吗？

一般来说，分娩、第一声啼哭，是我们被赋予人的社会属性的神圣一刻。与之相比，人们对我们自己何时被赋予人的自然属性并没有相对统一的认识。我们作为社会人之前接近300天的"生前事"，是一部真正壮观而充满凶险的历史，绝不逊色于我们百年的"生后事"。

成年女性一年中，大概只有30天可以受孕。每次月经周期的中间，女性的卵巢都会释放一个（偶尔会多于一个）卵泡。这个卵泡是由一堆颗粒细胞簇拥着的一个次级卵母细胞，此时，我们还不能叫它卵细胞。排卵时，卵泡破裂，这个次级卵母细胞穿着透明的衣服（透明带）被输卵管的大伞（输卵管漏斗部）捕捉，开始了向子宫的漫漫长征。如果24小时内它得不到精子的生命之吻，这个次级卵母细胞便会萎缩消失。

与此同时，上亿个精子喷薄而出，等待它们的第一道关口就是阴道的酸性分泌物，超过一半的精子死于这里。幸存者将穿过子宫颈口，游过子宫，向输卵管的壶腹部进发。这全程相当精子长度的5万至10万倍，而它们要在2小时内赶到。最终，300个左右最强壮的精子到达目的地。

最终，有一个幸运的决定性的精子将穿透透明带，融进次级卵母细胞的细胞膜。这一瞬间，透明带将发生本质的变化，卵子的大门从此关闭。同时，次级卵母细胞开始一次蜕变，它进行一次减数分裂，变成一个真正的卵细胞。几小时后，这个卵细胞与精子的细胞核融为一体，我们的一切基因特征从此确立，终生不变。我们作为一个生命的历史从此开始：

1天后受精卵两次分裂，产生4个细胞。

3天后产生12~16个细胞，整个胚胎是一个实心小球，如同一个微缩的桑葚。

4天后分裂出大约100个细胞，中间有一个空腔，此时的胚胎称为胚泡。胚泡的空腔里有一些被称为内细胞团的细胞，这些细胞将来将变成一个真正的人体，但目前还看不出它们有任何不同。同样的，这些细胞就是被视作珍宝的胚胎干细胞。

经过4天的跋涉，这个小泡进入子宫里。有一些不幸的胚泡没有进入子宫，它们会形成危险的宫外孕。

5天后胚胎结束在子宫中的游荡，子宫内膜此时已经做好了接收胚胎的准备，胚胎埋入子宫内膜。

第1周过去，已经包含大约1000个细胞的胚胎的个头并没有增长，它正努力在子宫内膜中扎根。

第2周，那些内细胞团的细胞逐渐分化成了两层，称为胚盘，

## 第一章 感受生命的精彩

看起来像个小白斑。此时,整个胚胎大约有0.4毫米大小……

第3周,小小的胚盘中央出现了一条小小的隆起,这个隆起的中央又凹陷下去,称为原沟,胚胎的头尾从而得以确立。本周末,第3层细胞出现,这是肌肉、骨骼和大部分内脏的前身。3个细胞层的确立,标志着我们的胚胎不再犹豫不决,它的方向已经确定。偶尔出现分裂错误,将导致连体婴儿。此时胚胎大约有1.5毫米大。

第4周,胚胎的大脑和脊髓的原型神经管出现了,脐带和胎盘也已经成型。眼睛、鼻子和耳朵的雏形出现。

这个周末,胚胎长5毫米,看上去像一条刚孵化的鱼苗。

第5周,胚胎的四肢已经萌芽,身长约8毫米,看上去像只蝾螈。

第6周,胚胎的视网膜开始出现色素,一个深色的眼点清晰可见;耳朵也长出来了。身长约12毫米。

第7周,胚胎的手指和脚趾开始从肉块中分离出来;五官依稀可见。此时身长约20毫米。

第8周,胚胎的手指和脚趾分节,眼皮开始形成;外生殖器官出现,但还看不出性别。此时内生殖器官已经形成,如果胚胎将来是个女孩,她一生中所有的卵子都已经在此时开始准备。此时胚胎身长约35毫米。

第9周,胚胎的上下眼皮此时闭合为一体,心脏开始以每分钟超过150次的频率跳动,指纹出现了。我们终于可以报出它的体重了,这时候的胚胎——已经可以叫做胎儿——身长50毫米,重

8克！

第10周，胎儿手指甲开始生长。身长61毫米，体重14克。

第12周，如果是个男孩，我们可以看到小茶壶嘴儿了。身长87毫米，体重45克，快一两啦！

第14周，胎儿脚趾甲也开始生长了。此时她/他的口腔发育完毕，如果不幸是个唇腭裂的小天使，这个时候已经可以看清楚了，当然，是通过B超。身长120毫米，体重110克。

第18周，胎儿耳朵竖起来了，胎脂覆盖了小家伙皱巴巴的皮肤。身长160毫米，体重320克。

第28周，胎儿头上身上生出了胎毛，手指甲长齐，眼皮第一次睁开。身长350毫米，体重1000克。

第30周，胎儿眼睛可以完全睁开了，真正的头发开始生长。如果是个男孩，他的睾丸开始由腹腔下降到阴囊里，这个过程如果出了岔子，就会出现隐睾症，免不了以后还要挨刀。身长410毫米，体重1700克。

第36周，胎体丰满，皮肤光滑，胎毛消失，四肢蜷曲在胸前。身长450毫米，体重2500克。

第37周，胎儿的肺开始分泌一种表面活性剂，让肺泡可以自由扩张，做好一切准备，迎接复杂残酷的母体外的生活。身长500毫米，体重3000克。

第38周，在某个良辰吉日，小宝宝就要诞生了。

你看，生命的诞生经历了这样一个千辛万苦的过程。所以，每一个生命都是宝贵的，每一个生命都是值得珍惜的。

# 第一章 感受生命的精彩

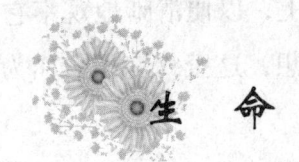

## 生 命

[美] 克伦·沃森

有一年夏天的下午，我在山上一连割了几小时柴草，最后决定坐下来吃点东西。我坐在一根圆木上，拿出一块三明治，一边吃一边眺望着那美丽的山野和清澈的湖水。

要不是一只围着我嗡嗡转的蜜蜂，我的闲暇心情是不会被打扰的。那是一只普普通通的、却能使野餐者感到厌烦的蜜蜂。不用说，我立刻将它赶走了。

蜜蜂一点儿也没有被吓住，它很快飞回来，又围着我嗡嗡直叫。哟，这下我可失去了耐心，一下子将它拍打在地，随后一脚踩入土里。

没过多久，那一堆沙土鼓了。我不由得吃了一惊，这个受到我报复的小东西顽强地抖着翅膀出现了。我毫不犹豫又一次把它踩入沙土中。

我再一次坐下来吃晚餐。几分钟后，我发现脚边的那堆沙土又动了起来。一只受了伤但还没死去的蜜蜂艰难地从沙土里钻了出来。

重新出现的蜜蜂引起了我的内疚。我弯下身去察看它的伤势。它的右翅还比较完整，但左翅却折皱得像一团纸。然而，它仍然慢慢地一上一下抖动着翅膀，仿佛在估计自己的伤势。它也开始梳理那沾满沙土的胸部和腹部。

这只蜜蜂很快把挣扎的力量集中在皱折的左翅上。它伸出腿来，飞快地捋着翅膀。每捋一下，它就拍打儿下翅膀，似乎在估量自己的飞翔能力。哦，这可怜的小东西以为自己还能飞得起来！

我垂下双手，跪在地上，以便清晰地观察它那注定是徒劳的努力。我凑近看了看，心中想，这蜜蜂完了。作为一个飞行员，我对翅膀太了解了。

然而，蜜蜂毫不理会我对它的判断。它继续整理着翅膀，似乎慢慢恢复了力量。它捋翅的速度加快了，那因皱折而不灵活的薄纱似的翅膀现在几乎已被抚平。

蜜蜂终于感到自己已恢复了力量，可以试着飞一飞了。随着一声嗡嗡的声响，它从沙土地上飞了起来，但没能飞三英寸远。然而，接下来的是更有力的捋翅和拍翅。

蜜蜂再一次飞起来，这一次飞出了六英寸远，最后撞在一个小土堆上。很显然，这只蜜蜂已经能够起飞，但还没有恢复控制方向的能力。正如一个飞行员在摸索一架陌生飞机的特性，它遭受了一次又一次的失败，每一次坠落后，它都努力地纠正新的失误。

蜜蜂又飞起来了。这一次它飞过了几个沙堆，笔直地向一棵树飞去。它仔细地避开树身，控制着方向，然后慢慢飞向那明镜似的湖面，仿佛去欣赏自己的英姿。当这只蜜蜂消失后，我才发现，自己还跪在地上，已跪了好久好久。

## 生命的问句

田彩虹

一棵有毒的树矗立在路旁。

第一种人大老远看见了，赶紧绕路而行，他们一点也不愿接近，生怕不小心会中毒。

第二种人来到了树边,看见这棵树,马上就想到它的毒素,急着要砍除它,以免有人受害。

第三种人有着不同的心态,愿意带着慈悲心去思索:这棵树也有生命,不要轻易地毁掉。于是在树旁圈上篱笆,注明有毒,以此避免危害到路人。

至于第四种人在看见这棵树的时候,会说:"喔!一棵有毒的树,太好了,这正是我要的!"

他们开始研究树的毒性,提炼了毒素,与其他成分混合,制成了可以救人的药材。

你认为人生是什么呢?如果有一个造句,"人生是……"或"人生像……",你会怎么完成这个句子呢?

用直觉,就是脑海里直接浮现出来的答案,我们不是在写作文或进行造句,不需要修饰成优美的语句。

"我的答案是人生如戏。"一位看起来吊儿郎当,凡事不在乎的男士可能会这样说。

"从小我看着爸爸妈妈为这个家打拼,一直认为人生是很艰辛的。"即使这位女学员没有说出来,从她愁眉不展的神情,也可以猜想得到答案。

"人生是一场无休止的竞赛。"这位学员有着非常明显的"宁为鸡首,不为牛后"以及"只有第一,没有第二"的刚毅性格。难怪他说自己当年没有考上第一志愿的高中,就放弃已考上的第二志愿,毅然去当兵。

还有人说"人生是来还债",这样的想法,虽然宽慰了受到创伤或不平待遇时的怅惘,但回答这个问题的学员,似乎有着很深的无奈。

人生到底像什么?这的确是个见仁见智的问题,然而也正是因为有这么多种对人生不同的态度,形成了各不相同的生命剧本。

我们对人生的诠释,其实也就是内在潜意识的外在表现,自然也就活出那种形态的生命形式。

于是我们看到,有些人终其一生,始终扮演着苦情哀怨的主角;有些人虽然会赚钱,但却始终留不住钱;有些人最擅长演的角色就是悲剧英雄。

还有一位学员在课堂上赫然发现,自己不论在婚前、婚后,在家庭、公司,虽然是有女儿、太太、媳妇、职员等各种不同称呼,但总括而言,结果只有一个——为别人活,完全没有自我。

"人生永远是朝向你所思考的方向前进",就像开头故事中的那棵树,你用不同的方式对待,就会导致不同的结果。

你认为人生像什么呢?

## 人生的加减乘除

### 牟丕志

人生是一种自我经营过程。要经营就要讲核算,人生是离不开"+ - × ÷"的。

人生需要用加法。人生在世,总是要追求一些东西,追求什么是人的自由，所谓人各有志，只要不违法，手段正当，不损害别人，符合道德伦理，追求任何东西都是合理的。比如，有的人勤奋工作，奋力拼搏，为的是升职；有的人风里来雨里去，吃尽苦头，为的是增加财富；有的人"头悬梁、锥刺股"发奋读书是为了增加知识；有的人刻苦研究艺术，为的是提高自己的文化品位；有的人全身心投入到社会实践中，为的是增长才干……人生的加法，使人生更富有、更多彩。人在社会上不是孤立存在的，"人人为我，我为人人"，从这一意义上讲，人生增加自己的内涵都并不意味着自私自利，而是对社会大有好处。传统观念中不赞成人们追名逐利。这是一种偏见，其实追名逐利对人生具有正面意义，是人生动力的主要源泉，所谓"名"无非是公众的认可，而"利"无非是物质利益，正是"世人熙熙，皆为利来，世人攘攘，皆为利往"。要想得到它们，需要不断努力才行。一个进步的社会应该鼓励个人用自己的双手，增加人生的价值，增加人生的内涵，使人生物质世界和精神世界都更加富有和充实。加法人生的原则是提倡公平竞争，不论在物质财富上还是在精神财富上胜出者，都应给予鼓励。加法人生是一种积极的人生。

人生需要用减法。人生是对立统一体。哲人说人生如车，其载重量有限，超负荷运行促使人生走向其反面。人的生命有限，而欲望无限。如此看来，学会辩证地看待人生、看待得失是十分必要的。有时，我们也应用减法，减去人生过重的负担，否则，负担太重，人生不堪重负，结果往往事与愿违。柳宗元在《柳河东集》中写的一篇文章《蝜蝂传》发人深思。蝜蝂是一种很会背东西的小虫子，爬行时遇到东西，它总要捡起来，抬起头来使劲地背上它，背的东西越来越重,即使疲劳到了极点,还是不停地往背上加东西。蝜蝂的脊背非常粗糙,东西堆积在上面散落不了。这样,蝜蝂终于被压得倒在地上爬不起来了。有人很同情它,便替它去掉背上的东西,但是它只要能够爬行,仍要背上许多东西,直到仆倒在地。蝜蝂喜欢往高处爬,用尽了力气也不停止,一直到摔死在地上为止。柳宗元借用蝜蝂告诉我们,人生既要有所取又要有所弃。人生应有所为,有所不为。著名科普作家高士其原名叫高仕錤,后改成了高士其,有些朋友不解其意,他解释说:"去掉'人'旁不做官,去掉'金'旁不要钱。"高士其以惊人的毅力创作了50年,创作了500万字的科普作品。华盛顿是美国的开国之父,他在第二届总统任期期满时,全国"劝进"之声四起,但他以无比坚强的意志坚持卸任,完成了人生的一次具有重要意义的减法,至今美国人民仍每每自豪于华盛顿为美国建立的制度。

人生需要用乘法。人生的成功与否,与个人努力有关,更与机遇有关。哲人说,人生的道路尽管很漫长,但要紧处就那么几步。对于人生而言,奋斗固然重要,但能否抓住机遇也是十分关键的。在人生的关键时刻,一次努力能抵得上平时几次、几十次、几百次的努力,一年的奋争能抵得上几年甚至十几年的、几十年的奋争。从这一意义上讲,在关键时刻把握住人生就实现了人生的乘法。比尔·盖茨在人生关键时刻选择了微软,这一选择为他日后的辉煌奠定了基础,假如他当初不选择这一行,他完全可能变成一个普通的人。鲁迅当初是学医的,假如他不改行从事文学创作,他完全可能成为一名普通医生,也就没有作为文学巨匠的鲁迅了。人在关键时刻,需要勇气和耐心,道路选准了,奋斗才会有应有的回报,人生的亮色随之而来。

人生需要用除法。有人曾写下一个著名的幸福公式：幸福程度＝目标实现值÷目标期望值。也就是说，在目标实现值固定的前提下，目标期望值越高，幸福程度越低，而期望值越低，幸福程度越高。我们平时所说的"知足者常乐"也包含这种意思。依我看，人生不能寄期望值过高，树立理想是必要的，但树立的理想过于远大，超出了自己的自身能力和条件，那是十分有害的，这样容易造成人生的目标期望值和实现值反差太大，使人产生失败感、自卑感、失落感，步入自寻烦恼和自己较劲的怪圈。去年暑期，我的邻居家的孩子以较高的分数考取了一所重点大学，出人意料的是此学生大哭一场，此后一直闷闷不乐，原来他的奋斗目标是清华或北大，此目标没实现，从而陷入了极度的痛苦之中。看来，人生的除法法则确实在发挥作用，人生的期望值太高，很容易对人产生伤害。与树立人生远大目标而言，人生树"近小"目标也是有其现实意义和科学因素的，这就是人生除法对我们的启示。

## 享受生命的春光

李海燕

四川省巴东县女护士王飞越身患绝症，生命即将走到尽头，她很想留一点什么给这个曾经让她温暖、让她懂得爱的世界。

可是她的全身已开始溃烂，捐赠遗体用于医学解剖和实验显然已经不太可能。一日，来探病的弟弟说，姐姐，你的眼睛好明亮哟。这句话提醒了王飞越女士，病床上的她顿时兴奋起来：我要捐献眼角膜。

她的遗愿，立刻遭到丈夫和女儿以及亲友们的反对，沉浸在即将丧失亲人的巨大悲痛中的他们，无法理解王飞越的做法。他们在病床前，苦苦哀劝。面对劝说，病床上的王飞越也含泪诉说：这样做，可以让两个人重见光明，难道你们不能满足我这个小小的要求吗？她支撑着写了申请书，求丈夫为她签字。

字终于签了，王飞越松了一口气。可癌细胞已经开始肆虐扩散，加之用药，造成全身水肿。如果水肿也造成眼角膜损伤，就会影响角膜移植手术的质量。她忍着痛，向医生提出，保护好我的眼睛，请不要用止痛药。

伤痛折磨着她，然而她更担心的是，一旦角膜受到损伤，她的捐献计划将成泡影。她提出请求：在她停止呼吸之前，现在就摘掉眼球。

丈夫和女儿，还有医生护士们流泪了。守护在一边的眼科专家们也制止了她。

疼痛不断加剧，死神临近，王飞越的一只眼睛甚至已不能闭合。她知道，生命已无法挽留。她最担心的是眼球的完好无损，为此不断地发出新的请求，而且态度十分地坚决：拔掉氧气管，拔掉氧气管！

拔掉氧气管，意味着放弃呼吸，放弃生命，放弃这个美好的世界。丈夫和女儿泣不成声。这样的请求没有被采纳，她就以拒绝治疗来抵制。她如愿了，氧气管终于被拔掉。但接着，她又提出新的请求，拔掉输液管。这一次，周围的人沉默了，彻底尊重了她的意愿。

第一章　感受生命的精彩

生命之花终于凋零，只有她的眼角膜被保留了下来。而且其中的一只眼角膜，竟让三位病人重见光明。共有四位患者，包括年轻人和老人，分别承接了她的光明。这位从未走出过县城的女士，将光明播撒到南疆北土，播撒到遥远的地方……

她有一段临终录音，那是对承接她光明的人说的："你好，我不知道你姓什么叫什么，我祝福你，希望你重见光明，尽情享受春光。"

## 我很重要

毕淑敏

当我说出"我很重要"这句话的时候，颈项后面掠过一阵战栗。我知道这是把自己的额头裸露在弓箭之下了，心灵极容易被别人的批判洞伤。许多年来，没有人敢在光天化日之下表示自己"很重要"。我们从小受到的教育都是——"我不重要"。

作为一名普通士兵，与辉煌的胜利相比，我不重要。

作为一个单薄的个体，与浑厚的集体相比，我不重要。

作为一位奉献型的女性，与整个家庭相比，我不重要。

作为随处可见的人的一分子，与宝贵的物质相比，我们不重要。

我们——简明扼要地说，就是每一个单独的"我"——到底重要还是不重要？我是由无数日月星辰草木山川的精华汇聚而成的。只要计算一下我们一生吃进去多少谷物，饮下了多少清水，才凝聚成一具美轮美奂的躯体，我们一定会为那数字的庞大而惊讶。平日里，我们尚要珍惜一粒米、一叶菜，难道可以对亿万粒菽粟亿万滴甘露濡养出的万物之灵，丝毫掉以轻心吗？

当我在博物馆里看到北京猿人窄小的额和前凸的吻时，我为人类原始时期的粗糙而黯然。他们精心打制出的石器，用今天的目光看来不过是极简单的玩具。如今很幼小的孩童，就能熟练地操纵语言，我们才意识到已经在进化之路上前进了多远。我们的头颅就是一部历史，无数祖先进步的痕迹储存于脑海深处。我们是一株亿万年苍老树干上最新萌发的绿叶，不单属于自身，更属于土地。人类的精神之火，是连绵不断的链条，作为精致的一环，我们否认了自身的重要，就是推卸了一种神圣的承诺。

回溯我们诞生的过程，两组生命基因的嵌合，更是充满了人所不能把握的偶然性。我们每一个个体，都是机遇的产物。

常常遥想，如果是另一个男人和另一个女人，就绝不会有今天的我……

即使是这一个男人和这一个女人，如果换了一个时辰相爱，也不会有此刻的我……

即使是这一个男人和这一个女人在这一个时辰，由于一片小小落叶或是清脆鸟啼的打搅，依然可能不会有如此的我……

一种令人怅然以致走人恐惧的想象，像雾霭一般不可避免地缓缓升起，模糊了我们的来路和去处，令人不得不断然打住思绪。

我们的生命，端坐于概率垒就的金字塔的顶端。面对大自然的鬼斧神工，我们还有权利和资格说我不重要吗？

对于我们的父母，我们永远是不可重复的资本。无论他们有多

## 第一章 感受生命的精彩

少儿女,我们都是独特的一个。假如我不存在了,他们就空留一份慈爱,在风中蛛丝般飘荡。

假如我生了病,他们的心就会皱缩成石块,无数次向上苍祈祷我的康复,甚至愿灾痛以十倍的烈度降临于他们自身,以换取我的平安。

我的每一滴成功,都如同经过放大镜,进入他们的瞳孔,摄入他们心底。

假如我们先他们而去,他们的白发会从日出垂到日暮,他们的泪水会使太平洋为之涨潮。面对这无法承载的亲情,我们还敢说我不重要吗?

我们的记忆,同自己的伴侣紧密地缠绕在一处。像两种混淆于一碟的颜色,已无法分开。你原先是黄,我原先是蓝,我们共同的颜色是绿,绿得生机勃勃,绿得苍翠欲滴。失去了妻子的男人,胸口就缺少了生死攸关的肋骨,心房裸露着,随着每一阵轻风滴血。失去了丈夫的女人,就是齐斩斩折断的琴弦,每一根就在雨夜长久地自鸣……面对相濡以沫的同道,我们还忍心说我不重要吗?

俯对我们的孩童,我们是至高至尊的唯一。我们是他们最初的宇宙,我们是深不可测的海洋。假如我们隐去,孩子就永失淳厚无双的血缘之爱,天倾东南,地陷西北,万劫不复。盘子破裂可以粘起,童年碎了,永不复原。伤口流血了,没有母亲的手为他包扎。面临抉择,没有父亲的智慧为他谋略……面对后代,我们还有胆量说我不重要吗?

重要并不是伟大的同义词,它是心灵对生命的允诺。

人们常常从成就事业的角度,断定我们是否重要。但我要说,只要我们在时刻努力着,为光明在奋斗着,我们就是无比重要地生活着。

让我们昂起头,对着我们这颗美丽的星球上无数的生灵,响亮地宣布——我很重要。

## 人生可以很简单

厉 志

有一个人去应聘,随手将走廊上的纸屑捡起来,放进了垃圾桶,被路过的考官看到了,因此他得到了这份工作。原来获得赏识很简单,养成好习惯就可以了。

有个小弟在脚踏车店当学徒,有人送来一部有故障的脚踏车,小弟除了将车修好,还把车子整理得漂亮如新,其他学徒笑他多此一举,后来雇主将脚踏车领回去的第二天,小弟被挖脚到那位雇主的公司上班。原来被人赏识很简单,吃点亏就可以了。

有个小孩儿对母亲说:"妈妈你今天好漂亮。"母亲问他:"为什么?"小孩儿说:"因为妈妈今天没有生气。"原来要拥有漂亮很简单,只要不生气就可以了。

有个牧场主人,叫他的孩子每天在牧场上辛勤地工作,朋友对他说:"你不需要让孩子如此辛苦,农作物一样会长得很好的。"牧场主人回答说:"我不是在培养农作物,我是在培养我的孩子。"原来培养孩子很简单，让他吃点苦头就可以了。

有一个网球教练对学生说："如果一个网球掉进草堆，应该如何寻找？"有人答："从草堆中心线开始找。"有人答："从草堆的最凹处开始找。"有人答："从草最长的地方开始找。"教练宣布正确答案："按部就班地从草地的一头搜寻到草地的另一头。"原来寻找成功的方法很简单，从一数到十，不要跳过就可以了。

有一家商店经常灯火通明，有人问："你们店里到底是用什么牌子的灯管？为什么那么耐用？"店家回答说："我们的灯管也常常坏，只是我们坏了就换而已。"原来保持明亮的方法很简单，只要常常更换就可以了。

住在田边的青蛙对住在路边的青蛙说："你这里太危险，搬来跟我住吧！"路边的青蛙说："我已经习惯了，懒得搬了。"几天后，田边的青蛙去探望路边的青蛙，却发现它已被车子压死，暴尸在马路上。原来掌握命运的方法很简单，远离懒惰就可以了。

有一只小鸡破壳而出的时候，刚好有只乌龟经过，从此以后小鸡就背着蛋壳过一生。原来脱离沉重的负荷很简单，放弃固执、成见就可以了。

有几个小孩很想当天使，上帝给他们一人一个烛台，叫他们要保持光亮，结果一天、两天过去了，上帝都没有来，几乎所有小孩已不再擦拭那烛台。有一天上帝突然造访，每个人的烛台都蒙上厚厚的灰尘，只有一个小孩大家都叫他笨小孩，因为上帝没来，他也每天都擦拭，结果这个小孩成了天使。原来当天使很简单，只要实实在在去做就可以了。

珍爱生命 学会感恩

有只小猪，向神请求做神的门徒，神欣然答应，刚好有一头小牛由泥沼里爬出来，浑身都是泥泞，神对小猪说："去帮他洗洗身子吧！"小猪讶异地答道："我是神的门徒，怎么能去侍候那脏兮兮的小牛呢！"神说："你不去侍候别人，别人怎么知道，你是我的门徒呢！"原来要变成神很简单，只要真心付出就可以了。

有一支淘金队伍在沙漠中行走，大家都步伐沉重，痛苦不堪，只有一人快乐地走着，别人问："你为何如此惬意？"他笑着："因为我带的东西最少。"原来快乐很简单，拥有少一点就可以了。

人生的光彩在哪里？

早上醒来，光彩在脸上，充满笑容地迎接未来。

到了中午，光彩在腰上，挺直腰杆地活在当下。

到了晚上，光彩在脚上，脚踏实地地做好自己。

原来人生也很简单，只要能懂得"珍惜、知足、感恩"，你就拥有了生命的光彩！

## 我喜欢

张晓风

我喜欢冬天的阳光，在迷茫的晨雾中展开。我喜欢那份宁静淡远，我喜欢那没有喧哗的光和热。

我喜欢在春风中踏过窄窄的山径，草莓像个精致的红灯笼，一路殷勤地张结着。我喜欢抬头看树梢尖尖的小芽儿，极嫩的黄绿色里透着一派天真的粉红。

我喜欢夏日的永昼,我喜欢在多风的黄昏独坐在傍山的阳台上。小山谷里稻浪推涌,美好的稻香翻腾着。慢慢地,绚丽的云霞被浣净了,柔和的晚星——就位。

我喜欢看秋风里满山的芒。在山坡上,在水边上,白得那样凄凉,美而孤独。

我也喜欢梦,喜欢梦里奇异的享受。我总是梦见自己能飞,能跃过山丘和小河。我梦见棕色的骏马,发亮的有鬃毛在风中飞扬。我梦见荷花海,完全没有边际,远远在炫耀着模糊的香红。最难忘记那次梦见在一座紫色的山峦前看日出——它原来必定不是紫色的,只是翠岚映着初升的红日,遂在梦中幻出那样奇特的山景。在现实生活里,我同样喜欢山。

我喜欢看一块块平平整整、油油亮亮的秧田。那细小的禾苗密密地排在一起,好像一张多绒的毯子,总是激发我想在上面躺一躺的欲望。

我还喜欢花,不管是哪一种,我喜欢清瘦的秋菊,浓郁的玫瑰,孤洁的百合,以及幽香的素馨。我也喜欢开在深山里不知名的小野花。我十分相信上帝在造万花的时候,赋给它们同样的尊荣。

我喜欢另一种花儿,是绽开在人们笑颊上的。当寒冷的早晨我走在巷子里,对门那位清癯的太太笑着说:"早!"我就忽然觉得世界是这样的亲切,我缩在皮手套里的指头不再感觉发僵。到了车站开始等车的时候,我喜欢看见短发齐耳的中学生。我喜欢她们美好宽阔又明净的额头,以及活泼清澈的眼神。

我喜欢读信。我喜欢弟弟妹妹的信，那些幼稚纯朴的句子，总使我在泪光中重新看见南方那燃遍凤凰花的小城。最不能忘记那年夏天，他从最高的山上为我寄来一片蕨类植物的叶子。在那样酷暑的气候中，我忽然感到甜蜜而又沁人的清凉。

我特别喜爱读者的来信。每次捧读这些信件，总让我觉得一种特殊的激动。在这世上，也许有人已透过我看见一些东西。

我还喜欢看书，特别是在夜晚。在书籍里面，我不能自抑地要喜爱那些泛黄的线装书，握着它就觉得握着一脉优美的传统，那涩黯的纸面蕴涵着一种古典的美。历史的兴亡、人物的迭代本是这样虚幻，唯有书中的智慧永远长存。

我喜欢朋友，喜欢在出其不意的时候去拜访他们，尤其喜欢在雨中去叩湿湿的大门。当她连跑带跳地来迎接我，雨云后的阳光就似乎忽然炽燃起来。

我也喜欢坐在窗前等他回家，虽然走过我家门的行人那样多，我总能分辨出他的足音，如果有一个脚步声，一入巷子就开始跑，而且听起来是沉重急速的大阔步，那就准是他回来了！我喜欢他把钥匙放进门锁的声音，我喜欢听他一进门就喘着气喊我的名字。

我喜欢松散而闲适的生活，我不喜欢精密地分配时间，不喜欢紧张地安排节目。我喜欢许多不实用的东西，我喜欢旧东西，喜欢翻旧相片。我喜欢美丽的小装饰品，像耳环、项链和胸针。我喜欢充足的沉思时间。我喜欢晚饭后坐在客厅里的时分。我喜欢听一些协奏曲，一面捧着细瓷的小茶壶暖手。当此之时，我就恍惚能够想像一些田园生活的悠闲。

第一章　感受生命的精彩

我也喜欢和他并排骑着自行车，于星期天在黎明的道上一起赴教堂。朝阳的金波向两旁溅开，我遂觉得那不是一辆脚踏车，而是一艘乘风破浪的飞艇在滑行。

我喜欢活着，而且深深地喜欢能在我心里充满着这样多的喜欢！

## 无人喝彩

张小石

无人喝彩的人生，就像没有花香的小路。

人生的赛场常常是这样开始的：两旁是朋友助威的呐喊，身后有亲人关注的目光。我们大多数人的生命都是在这些亲朋好友的赞美与喝彩中成长的，那是我们成长过程中快乐的源泉。

但是，既然我们要前行，就总有一天会远离朋友呐喊的范围，走出亲人关注的视野。当生命孑然独行于荒野时，可经受得住那份孤独和痛苦的煎熬？

甚至，在你蹒跚的身影之后还有无数的诽谤和嘲讽，你是否还能坚守？沙滩能让汹涌澎湃而来的海浪心平气和地退去，并且留下珍珠和贝壳，是因其胸襟的坦然与博大。

那些只习惯于繁花锦簇的春天的生命，如何度过群芳凋零的冬天？那些被众星捧月般拥戴和欢呼的人们，不经受孤独和冷落，如何积蓄一种于困境中自信从容的人生大气？

孤独和痛苦检验着生命的弹性，让人更真切地感受到生命的硬度和精神的韧性。我们生命的最大值，正是在这种承受和忍耐中求得的，而不是以他人的喝彩为砝码来度量的。

喝彩，本是人们对那些闪烁真善美光辉的人和事的真诚赞颂，是人们内心对人性的亮点情不自禁的共鸣的反应、由衷的喝彩；对于自卑和脆弱的人，确实是一根能支撑其前行的手杖，但在这个浮躁时代，许多喝彩成了随意的问候或礼节性的安慰，甚至不乏谄媚的精神贿赂。正如太多的泡沫只令人窒息而不能将其抬升一样，廉价的掌声和无端的喝彩总是让陶醉其中的人们放慢了脚步。

其实，对于我们这些很平凡的生命，能否赢得别人的喝彩并不重要，只要在自己生存与生活的环境中，大部分人能容纳你、接受你，小部分人能善待你、喜欢你，有那么几个人能牵挂你、真爱你，便是幸福的人生了。

而那些一心埋头走路的人，纵会忽略沿途许多美丽的风景，却能明晓自己的每一步迈于何处。跋涉之途是否花香满径，他们也不在乎了。对于这些真正值得喝彩的人，喝彩，反倒成了煞风景的惊扰。

黎明不因鸡鸣才到来，鲜花不因人赞美才芬芳。

无人喝彩，我们依然可以昂扬向前。没有掌声，我们一样可以虔诚地歌唱。

# 第二章　那一份清醒的疼痛

对于生命的尊重是社会生活的基本规则。生命是自然所造成的，迫害生命，轻视生命，就是在剥夺自然的权利。但是，轻视生命的事却时有发生。例如，17岁参军，1994年起就任美国海军参谋总长的切尔茨·麦克波特将军，就因为随意佩带了一枚他自己未曾获得过的"V型军功章"而遭到责难后，便留下了"我有资格获得这枚勋章"的遗言，开枪了结了自己的生命。他究竟是否有资格获得这枚勋章姑且不论，但仅从人生而论，他肯定是个不够格的将军。因为没有什么勋章比生命更珍贵的。无论是名是利，与生命相比，可谓草芥不如。倘若为了这些微不足道的小事就结束了自己的生命，这样的人只能是亵渎生命的弱者。

人生不如意者十之八九。面对挫折、苦难，能否保持一份豁达的情怀，能否保持一种积极向上的人生态度，这需要博大的胸襟，非凡的气度。要在逆境中磨炼出你的意志，不必计较一时的成败得失。感受孤独，安享寂寞，在彷徨失意中修养自己的心灵，这就是最大的收获，这有如蚌之含砂，在痛苦中孕育着璀璨的明珠。

人生是一次旅行，当我们经受痛苦时，就好比我们在旅途中跋山涉水，走雪山，过草地。而当我们享受快乐时，就是我们到达了阳光明媚的处所，卸下行囊，享受生命的宁静。正如旅行，我们不可能在某地永远停留，我们所要做的是在某一佳境驻足一阵再去寻找新的佳境。生命也就不断地完美了、丰富了。

生活中，懂得享受生命的人往往不喜欢平庸的生活，而是喜欢尝试一些困难的、有意义的生活。也正是因为这样，他们才能在险境之后，品尝到人生的甘甜。

回首那一份清醒的疼痛，也许，成功正是在其间孕育、发芽。

《磨难，人生的一种财富》：追求生活的圆满是人生的良好愿望，但人生之路却常常受到意想不到的磨难，只有通过克服它们、战胜它们，人的价值才能体现出来。每冲破一次危机，我们便增加一份生活的勇气，每征服一个难题，我们就赢得一个成功。在人生的征途上，痛苦和磨难是一笔宝贵的财富。

《永不道别》：谈到永别，我们都离不开"悲伤"这两个字。但是中年丧子的"爷爷"并没有沉浸在伤痛中不能自拔，相反，他用温情的心去看待身边的一切。他教自己的长孙永远不要说"再见"，而永远要记得"第一次对朋友问候时那种幸福愉快之情。"这种感觉"就如太阳常在一起，暖烘烘的"。我想，我们应该记住"爷爷"的嘱咐，因为这对于活者和逝者来说，都是一种慰藉。

《吹着口哨回家》：一位曾经风光无限的演员，如今却失去了双腿和嗓音，靠卖水晶袜维生。生活的打击对他是如此的沉重，而他却居然可以每天吹着快乐的口哨回家，让别人从他的哨声中感受到快乐。在快乐的问题上，对他人最慷慨；在痛苦的问题上，对世界最吝啬。这位像蓝天一样无声的人，在这个商业时代，把他最美好的东西带到了人们的心中。

## 第二章　那一份清醒的疼痛

《风不能把阳光打败》：做到让风不把阳光打败，其实很简单，只要把"但是"用"同时"代替出来就可以了。这篇文章的寓意是要我们乐观地看待问题，不要沉迷在缺点中不能自拔，而是要拿着放大镜去发现优点，关注每一次进步。只有这样，即使在困境中，也会享受到阳光的温暖。

《生命之约》：一次意外，让年轻力壮、有着"光辉前程"的硬汉子罗斯福变成了个卧床不起，什么事都需要别人帮助照料的残废人。面对命运的考验，他没有气馁和放弃，而是选择用坚强和乐观来回应打击。最终，他成功地战胜了病痛，并成为美国历史上著名的总统之一。

《喜悦》：平时我们对幸福标准的制订太苛刻与狭隘了，以至于使自己常常享受不到幸福。在感官享受和人生建构方面，人们强调它的优势体验，这种方式妨碍我们获得完整的人生。所谓幸福绝不是单一的东西，一个从未经历痛楚的人，必然会对幸福缺少判断力。扩大喜悦的疆域，我们便能常常感到幸福。

《贫穷是最好的大学》：许多人都曾遭遇过贫穷，有人因此而沉沦甚至走上犯罪的道路，但有人却以此为奋发向上的动力，在贫穷中不断地磨炼自己的意志、品质，最终走向辉煌和成功。贫穷是一所最好的大学，金鹏的例子便是一个很好的证明。

因为疼痛，所以坚强；因为疼痛，所以奋发。

阳光总在风雨后，是的，雨后的天空总是那么的绚烂，那么的美丽。

这一切，只因为那些磨难，那些砥砺，那些勇敢而坚强的选择，那些曾经清醒的疼痛。

# 磨难，人生的一种财富

许文红

追求生活的圆满是人生的良好愿望，然而真正实现这个愿望，又何其难啊！漫漫人生失缺和倾斜几乎是永远的。于是出现了不满足，出现了苦痛。在形式上，你有满意的爱人和美满的家庭，但事业不一定顺利；你事业上大有可为，却不免失去家庭的温馨；你有平稳的家庭生活，不一定懂得爱；你有爱，但并非拥有幸福。人生之路，常常受到意想不到的磨难。在内涵上，你当怎样把握生活的哲学问题？你将怎样直面严肃的人生？面对生活的考验，你当怎样摆放自己的位置？

人不怕痛苦，只怕丢掉刚强；人不怕磨难，只怕失去希望。面对风风雨雨，有这样的路可走——去认识大海。这是人生旅途中一条清醒畅通的路。在广阔的海洋里，你能清醒地认知恼、恨、忧、愁。把经过的每次大风浪，看作是生活的一种新尝试，看作是生命体的一个新光环。把遇到的每次大冲击当成人生的新课题。每冲破一次危机，你便增加一份生活的勇气，每征服一个难题，你就赢得一个成功。

何谓痛苦？我理解的痛苦是超出人的承受能力之外的东西。痛苦和磨难是人生宝贵的财富，生活中没有阻力，人的价值就体现不出来；旅途上没有艰险，人生就没有滋味。人生还有一条路会让你

## 第二章　那一份清醒的疼痛

丰富多彩,那就是:"走访"艺术之乡。这是另一个美妙的世界。"人禀七情,应物斯感,感物吟志,莫非自然。"残山剩水,枯藤老树,夕阳西下,景触情,情触景,你会领略到自然之韵。

"莫道不消魂,帘卷西风,人比黄花瘦。""君不见,黄河之水天上来,奔流到海不复回。君不见,高堂明镜悲白发,朝如青丝暮成雪。"你惊叹人的奇想俏喻。

不管是豪放的画笔,还是细腻的雕刻,无论是《斗牛舞曲》,还是《二泉映月》……一句话,只要是有魅力的艺术,就会给你一份享受、一份轻松、一丝深悟、一丝蕴藉。经过艺术浓缩的生活,给人启迪和鼓舞,它用历史和现实的角度衡量社会生活的美、丑、喜、怒、悲,指导人们更深刻地看待昨天、今天和明天。

没有什么比生活更富有、更生动、更崇高的了,心中有了这杆秤,还怕称不出失意、坎坷、痛苦、磨难的力量!

笑傲磨难吧——那是属于你的一份财富。

## 永不道别

[美] 博伊尔斯

我那年才十岁,却陡然陷入了极度痛苦之中,因为我即将远离熟悉的家乡。尽管我还年幼,但这短暂的时光中的每时每刻都是在这个古老而庞大的家族中度过的,这里凝聚着四代人的欢乐与苦楚。

最后的一天终于来临了。我一个人偷偷地跑到我的避难所——

那个带顶棚的游廊，独自悄悄地坐着，身子不断地抽动，伤心的泪水如泉水一般直往外流。突然间，我感到一只大手在轻轻地抚摸着我的肩膀，抬头一看，原来是爷爷。"不好受吧？比利。"他问道，随后坐在我旁边的石级上。

"爷爷，"我擦着泪汪汪的眼睛问道："这可让我怎么向您和我的小伙伴们道别呀？"

他盯着远处的苹果树，静静地望了好一会儿才说道："再见这个字眼太令人伤感了，好像是永别一般，而且还过于冷漠。看起来似乎我们有许许多多道别的方式，但都离不开'悲伤'这两个字。"

我依然直直地盯着他的脸，他却慢慢地把我的小手放到他那双大手之中，轻声说道，"跟我来，小家伙。"

我们手牵着手，来到前院，这是他最为珍爱的地方，那里长着一株巨大的红色蔷薇花树。

"比利，你看到什么了？"

我眼睁睁地看着这些开得正旺的玫瑰花，心里却不知说些什么，就冒失地回答："爷爷，我见到的是又轻柔又漂亮的花呀！真是美极了！"

他屈膝跪了下来，把我拉到他身边，说："的确美极了。但这不仅仅是玫瑰本身美，比利，更重要的是你心目中那块特殊领地才使得他们这样美。"

他与我的视线相遇了。"比利，这些玫瑰是我很久很久以前种下的，那时你妈甚至还不知在哪儿呢。我的大孩子出生那天，我栽下了这些玫瑰，这是我对上帝感恩的一种特殊方式。那孩子和你一样，

## 第二章  那一份清醒的疼痛

也叫比利,过去我常常看着他摘那些花,献给他妈妈……"

爷爷已是老泪纵横了(在这以前,我还未见他流过泪呢),声音也随之哽咽了。

"一天,可怕的战争终于爆发了,我儿子和其他许许多多人的孩子一道远离家乡去前线。我和他一道步行,到了火车站……十个月过去了,我收到了一份电报,原来比利已在意大利的一个小村庄牺牲了。我所能记起的一切就是他一生中与我最后说的话就是'再见'。"

爷爷缓缓地站起来,"比利,今后永远不要说再见。千万不要为世上的悲哀与孤独缠绕。相反,我倒希望你能记住第一次对朋友问候时那种幸福愉快之情。把这个不同寻常的问好牢牢铭刻在心中,就如太阳常在一起,暖烘烘的。当你和朋友们分离时,想远一些,特别是记住第一次问好。"

一年半过去了,爷爷重病缠身,生命垂危。几个星期从医院回来后,他又选择了靠窗那张床,以便能看到他所珍爱的玫瑰树。

一天,家里人都被召集到一块来了,我又回到了这幢旧房子里。按常规,长孙也有与祖父告别的机会。

轮到我了,我注意到爷爷已是疲倦不堪,眼睛紧闭,呼吸缓慢而且沉重。

我轻松地握着他的手,正如当初他拉着我的手一样。

"您好,爷爷。"我轻轻地向他问候,他的眼睛缓缓地睁开了。

"你好,我的朋友。"他脸上掠过一丝微笑,眼睛又闭上了。我赶紧离开了。

我静静地伫立在玫瑰树旁边，这时，我叔叔走过来告诉我爷爷过世了。我不由得又想起爷爷的话和形成我们友谊的那种特殊感情。突然间，我真正领悟出他说永不道别和不必悲哀的真正涵义。

## 吹着口哨回家

乔 叶

那一天在单位，因为一件小事的不如意，我的不满便如传染病一般弥漫开来，脑海里充斥和膨胀的净是别人对不起我的理由，仿佛整个世界都是欠我的，心理懊丧和愤懑到了极点。于是，挤公共汽车的时候，情绪处于高压状态的我便一反常态，不再淑女。一阵横冲直撞之后，我踩到了一个人的脚。

"嗨，请你小心。"有人对我说。

我看了他一眼，发现我踩的并不是他，而是他身边的那个人——可能是他的朋友。两个人的衣着都很洁净，神情稳重而疲惫，被踩的那个人正貌似悠闲地吹着口哨，我听出他吹的是《铃儿响叮当》。

"踩的又不是你，"我本想道歉，犹豫了片刻，却突然想趁机撒撒野，"多管闲事！"

"不管踩的是不是我，这件事情你都应该说'对不起'。"他在为朋友坚持。

"不对的事情千千万万。你管得完吗？"我骄蛮得不可理喻。

## 第二章　那一份清醒的疼痛

周围一片沉默。我从这沉默中感觉到了一种平头百姓们素日里对我这种"小恶人"的微妙的忍让、畏惧和鄙夷。明白了此时自己在众人心目中的位置,我却没有一丝一毫痛快淋漓的舒畅,有的只是愈来愈深的羞愧和后悔。天知道,我其实根本不想成为这个样子。

对不起对不起对不起。请原谅请原谅请原谅。我一遍又一遍默默地说。

有意思的是,那个被踩的人依然兴致不减地吹着《铃儿响叮当》。而且,我偷偷瞥见他还悄悄拉了拉那个与我理论的人的衣角。那个人果然闭嘴了。

我长嘘一口气。车刚刚到站,我便仓皇跳下。

"小姐,请等一等。"有人喊。我回头,是他们。我静立。羞愧与后悔开始转化为隐隐的敌意。看样子他们还想没完没了呢。

"你们想要怎么样?"我冷冷地问。

"你是这么年轻,所以有些话我实在忍不住要对你说,也许你听了会有一点儿好处。"那个人的语气表现得十分耐心。被踩的人站在一旁,仍旧吹着口哨,似乎有些腼腆。

我忽然不敢再看他们,微微低下了头。

"今天你是不是有些不顺心?"

我点点头。

"这种小波折谁都会遇到。有的人经历的何止是不顺心,简直就是用一生去承受大苦难。"他说,"就像我的弟弟。"

吹口哨的人顿时红了脸。

"你知道吗？他原本是一家剧团的台柱子。在一次车祸中失去了双腿。现在，他用的是假肢。"

想到刚才我曾在那双失去血液的脚上踩了一脚，我呼吸在一瞬间几乎就要停止了。

"后来，他又去一家歌舞团唱歌，曾是这家歌舞团最好的男高音，但是，一次重病又让他失去了歌声。"哥哥的眼圈红了，"现在，他是个下岗职工，和我一样，靠直销水晶袜生活。今天，我们只卖了九双，但是，"他的声音哽咽了，"每天，每天他都要吹着口哨回家。"

我的心一阵颤栗。原来是这样。我压根儿没想到。一时间，我不知所措。

"我可以看看你们的袜子吗？"我轻声说。也许，买双袜子可以小小地补偿一下刚才的无理。我自我平衡地安慰着自己。

弟弟微微笑着，很快递过来一双袜子。包装上印着价码：三块钱。实在不贵。

"我们追你下车，并不是想让你买袜子，"我正准备掏钱，哥哥的声音又响起来了，"更重要的是，我还想让你知道，我的弟弟为什么要吹着口哨回家。"

我惊奇地看着他。

"他曾经告诉我说，口哨是他现在所能支配的和音乐有关的唯一一种技巧了。他的口哨只能吹出两种风格，一种是悲哀的，一种是快乐的。悲哀别人不容易懂，但是快乐却可以在任何角落通行。所以，他想让别人从自己的口哨里感知到快乐。"

## 第二章　那一份清醒的疼痛

我缄默片刻："可是，有谁在乎呢？"

"是的，很多时候是没有人在乎。不过，幸好他在路上留下口哨的时候，就已经预备了让这种快乐寂寞。如果，有人偶尔的在乎能减少一些这种寂寞，那么他就会分外满足，觉得自己简直就是一本万利了。"

我赧然。终于知晓了无地自容的滋味。为什么要让别人享受快乐？为什么要让自己吞咽痛苦？如果是我，我一定只会这样习惯地诘问。而且，我知道，习惯如此的，绝不仅仅是我。好像所有的现代人在实际操作自我情感的时候，都已经很少有这种高贵的气质了。

我也终于明白，很久以来，我并没有弄清这样两个问题：在快乐的问题上，如何对他人最慷慨；在痛苦的问题上，如何对世界最吝啬。是这位卖水晶袜的永远沉默的兄弟用他快乐的口哨点化了我。我自私的怒气处处裸露，他无偿的喜悦时时流淌。我用歌喉制造噪音，他用气流输送仙乐。就是这样的一个像蓝天一样无声的人，在这个商业时代，把他最美好的东西直销到了我的心中。

临别的时候，我留下了一双水晶袜，并且感谢哥哥把弟弟的故事告诉了我。

"不止是你，我还告诉过很多人。你知道为什么吗？"哥哥笑道。

"因为你想让别人知道，确实还有你弟弟这样的人存在着，并且一直在为他们吹着口哨回家。"

哥哥笑了，弟弟也笑了。之后，他们却都流下泪来。

那双水晶袜,我到现在还留着。它的质地玲珑剔透,手感细腻柔韧,色调明朗典雅,就连包装都那么温暖而富有诗意。

我一直没舍得穿,我知道它最适合作为纪念珍藏。

## 风不能把阳光打败

### 毕淑敏

"但是"这个连词,好似把皮坎肩缀在一起的丝线,多用在一句话的后半截,表示转折。

比方说:你这次的考试成绩不错,但是——强中自有强中手。

比方说:这女孩身材不错,但是——皮肤黑了些。

不知"但是"这个词刚发明的时候,对它前后意思的分量,是否大致公允?也就是说,它只是一个单纯纽带,并不偏向谁。后来在长期的使用磨损中,悄悄变了。无论在它之前堆积了多少褒词,"但是"一出,便像洒了盐酸的污垢,优点就冒着泡沫没了踪影。记住的总是贬义,好似爬上高坡,没来得及喘口匀气,"但是"就不由分说把你推下了谷底。

"但是"成了把人心捆成炸药包的细麻绳,成了马上有冷水泼面的前奏曲。让你把前面的温暖和光明淡忘,只有振起精神,迎击扑面而来的顿挫。

其实,所有的光明都有暗影,"但是"的本意,不过是强调事物立体。可惜日积月累的负面暗示,"但是"这个预报一出,就抹去了

## 第二章　那一份清醒的疼痛

喜色，忽略了成绩，轻慢了进步，贬斥了攀升。

一位心理学家主张大家从此废弃"但是"，改用"同时"。

比如我们形容天气的时候，早先说：今天的太阳很好，但是风很大。

今后说：今天的太阳很好，同时风很大。

最初看这两句话的时候，好像没有多大差别。你不要急，轻声地多念几遍，那分量和语气的韵味，就体会出来了。

但是风很大——会把人的注意力凝固在不利的因素上。觉得太阳好不是件值得高兴的事情，风大才是关键。借助了"但是"的威力，风把阳光打败。

同时风很大——它更中性和客观，前言余音袅袅，后语也言之凿凿。不偏不倚，公道而平整。它使我们的心神安定，目光精准，两侧都观察得到，头脑中自有安顿。

一词背后，潜藏着的是如何看待世界和自身的目光。

花和虫子，一并存在。我们的视线降落在哪里？

"但是"，是一副偏光镜，让我们聚焦在虫子，把它的影子放得浓黑硕大。

"同时"，是一个透明的水晶球，均衡地透视整体。既看见虫子，也看见无数摇曳的鲜花。

尝试着用"同时"代替"但是"吧。时间长了，你会发现自己多了勇气，因为情绪得到保养和呵护。你会发现拥有了宽容和慈悲，因为更细致地发现了他人的优异。你能较为敏捷地从地上爬起，因为看到沟坎的同时也看到了远方的灯火……

## 生命之约

解力夫

1921年8月10日,罗斯福携带全家乘着"维力奥"号从他们的海滨别墅出发了。这是他为了教孩子们航海特意买的一艘单桅小帆船。回家途中,孩子们发现从坎波贝洛旁边的一个小岛上冒出一缕细烟。当大家望去时,烟柱正在散开。"林火!"罗斯福说。"快准备好!"他们随即向林火扑去,手执扫帚、铁铲和船上的坐垫冲向火堆。经过两个多小时的战斗,终于扑灭了火灾。全家人弄得汗流浃背,浑身烟灰。罗斯福热得要命,想跳进水里洗个澡,不料芬迪湾的水冰凉刺骨,寒气似乎一下直钻入他的脏腑。他赶紧上岸,一边喊孩子们,一边跑回家。他觉得两腿的肌肉酸痛,浑身冷得发抖,夜里连续发高烧,体温升到华氏102度,暂时失去了对身体机能的控制。埃莉诺急忙从卢贝克请来了乡村医生贝内特大夫,他断定罗斯福得的是重感冒。可是他的病情急剧恶化,医生也摸不着头脑了。剧烈的疼痛扩散到他的背部和双腿,不久他胸部以下的肌肉都没法动了。

第三天,疼痛和麻木的感觉扩展到罗斯福的肩部、手臂,甚至到了手指。路易斯·豪从缅因州度假胜地请来了费城著名的诊断专家威廉·基恩。他开始断定是一种风瘫,后来又说也许是脊髓灰质炎。但如果真是这样,这对一个39岁的人来说是倒霉透顶了。他建

## 第二章 那一份清醒的疼痛

议按摩和精心护理。有两个可怕的星期，埃莉诺就睡在丈夫房里的帆布床上，不分昼夜地护理他。她给他洗澡，喂他吃饭，还要想法使他打起精神来。而她自己却因大夫们不能确诊出丈夫究竟得的什么病而日益焦急。她唯一能求助的人就是路易斯·豪。豪拒绝了好几个人要他去工作的要求，守在他朋友身旁。埃莉诺说："豪从那个时候起，把整个身心都扑到我丈夫的未来上了。"

日子慢得像蜗牛在爬行。尽管他竭力让自己相信病在好转，但情况却在不断恶化。两条腿完全不顶用了，瘫痪的症状在向上蔓延。他的脖子僵直，双臂也不好了。最糟的是膀胱也暂时失去了控制，一天导尿数次，每次痛苦异常。他的背和腿痛个不停，好像牙痛放射到全身，肌肉像剥去皮肤暴露在外的神经，只要轻轻一碰就忍受不了。

除了身体上的痛苦，罗斯福还经受着精神上的折磨。他从一个有着"光辉前程"的年轻力壮的硬汉子，一下子成了个卧床不起、什么事都需要别人帮助照料的残废人，真是痛苦极了。在他刚得病的几天里，他几乎绝望了，以为"上帝把他抛弃了"。但是，他的奋力向上的精神并没有使他放弃希望。不久，尽管他一直受着痛苦的熬煎，却又以平时那种轻松活泼的态度跟埃莉诺和路易斯开玩笑了。他理智地控制自己，决不把痛苦、忧愁传染给妻子和孩子们。他不准把他得病的消息传给正在欧洲的妈妈，但他终于让埃莉诺打电话通知他的舅舅弗雷德里克·德拉诺。

罗斯福病倒两个星期后，他的舅舅弗雷德里克按埃莉诺提供的情况，把波士顿小儿麻痹症专家罗伯特·洛维特大夫请到坎波贝洛。

事实上，洛维特是世界上第一流的脊髓灰质炎专家。大夫检查时脸色阴沉，罗斯福焦虑地注视着他。还没等医生开口，他心里就已经有数了。

"说出来吧，"他说。

"毫无疑问是小儿麻痹症，"大夫宣布说。

罗斯福对这个打击是有思想准备的，他甚至苦笑了一下。

"我原来就这么想。"他说。

大夫的"判决"像一声霹雷把埃莉诺打昏了。"怎么，大夫！他会死吗？"她焦急地问。

"不会的。他的两肺没有受到影响，这确实是奇迹！"

"我就不相信这种娃娃病能整倒一个堂堂男子汉，我要战胜它！"罗斯福说。

罗斯福也知道这是说大话，但不停地说大话可以使他比较容易保持勇气。为了不想自己，他拼命地思考问题，回想自己所走过的道路，哪些是对的，哪些是错误的；回想他所接触、认识的各种各样的政治家，有的是令人可敬的导师，有的是卑鄙的政治骗子。有时他也想到人民，想到欧洲饱受战争创伤的人民，想到那些饥寒交迫、朝不保夕的人们。作为一个资产阶级的政治家，到底应当怎样生活，怎样做人。他在思索，他在探求。为了总结经验，他不停地看书。他比较系统地阅读了大量有关美国历史、政治的书籍，还阅读了许多世界名人传记。此外，他还阅读了大量医学书籍，几乎每一本有关小儿麻痹的书他都看了，并和他的大夫们进行了详细的讨论。在这方面，他快成为一个权威了。

## 第二章 那一份清醒的疼痛

在治疗过程中,罗斯福紧密地和大夫配合。他坚毅勇敢,雄心勃勃,每天要按照医生的嘱咐进行艰苦的锻炼。为使两腿伸直,不得不上了石膏。每天罗斯福都好像在中世纪酷刑架上一样,要把两腿关节处的楔子打进去一点,以使肌肉放松些。但是,在这个曾被看成花花公子的人身上蕴藏着极大的勇气。不久,就出现了病情好转的几个迹象。他手臂和背部的肌肉强壮起来,最后终于能坐起来了。

不久,罗斯福又像以前那样生气勃勃,精力充沛了。他虽然身患重疾,前途渺茫,但并没有动摇进取心。他相信这场病过去之后,他定能更加胜任他所要担当的角色。他决不承认永远不能重返政治舞台。

终于,1924年,在双腿必须借助拐杖和轮椅的情况下,罗斯福凭其惊人的毅力重返政坛,向世人展示了他的魅力。

## 喜 悦

鲍尔吉·原野

美国西海岸的边境城市圣迭戈的一家医院里,常年住着因外伤全身瘫痪的威廉·马修。当阳光从朝南的窗口射入病房时,马修开始迎接来自身体不同部位的痛楚的袭击——病痛总是早上光临。在将近一个小时的折磨中,马修不能翻身,不能擦汗,甚至不能流泪,他的泪腺由于药物的副作用而萎缩。

年轻的女护士以手掩面，不敢正视马修所经受的痛苦。马修说："钻心的刺痛固然难忍，但我还是感激它——痛楚让我感到我还活着。"

马修住院的头几年，身体没有任何感觉，没有舒适感也没有痛楚感。在医生的精心治疗下，有一部分神经再生，每天早上向中枢神经发出"痛"的信号。

在痛楚中发现喜悦，这在一般人看来简直荒唐。但置身马修的处境，就知道这种特定的痛楚不仅给他带来了喜悦，而且带来了希望。当然一个重要前提在于，马修是一个意志坚强的人。过去，马修经历过无数没有任何知觉的日夜。如果说痛楚感是一处断壁残垣的话，无知觉则是死寂的沙漠。痛楚感使马修体验到了存在、时间、身体的归属，从某种意义说，这甚至是一种价值体现——医疗价值与康复价值。当然，马修不是病态的自虐狂，他把痛楚作为契机，进而康复，享受到正常人享有的所有感受。谁也不能保证可怜的马修能获得这一天，但他和医生一起朝这个方向努力，因而他盼望痛楚会在第二天早晨如期到来。

马修的故事令我们震惊，它至少使人感到我们对自己的拥有太挥霍了。喜悦不仅是饮食男女，甚至藏在一阵钻心的痛楚里。痛楚向你指出了生，难道生不是一种喜悦吗？可见平时我们对幸福标准的制订太苛刻与狭隘了，以至于使自己常常享受不到幸福。在感官享受方面，人们强调它的优势体验，如愉悦；在人生建构上，人们强调外物的作用，如金钱。这种认知方式无可非议，但也有一点点不宽容，妨碍我们获得完整的人生。是不是在愉悦与金钱之外，人

第二章 那一份清醒的疼痛

生就没有意义呢？何不建立一种不需跷脚就够得着、能够全额享受的人生？除了愉悦与金钱之外，还包括信仰、平静、发现、施予，拥有悠闲等等平凡朴素的喜悦，即扩大喜悦的疆域，使自己常常幸福。马修的喜悦实际是一种发现的喜悦，虽然仍要以忍受为代价。而拥有的含义更宽广，除了物质因素外，拥有健全的肢体、自由的思想、新鲜空气、观察、倾听与阅读。在这些见惯不惊的状态后面，事实上是由坚强有力的身心平衡来支撑的。无痛楚证明了这种平衡的珍贵。马修告诉我们，所谓幸福绝不是单一的东西。你不能想象一种没有不适、全是愉悦的人生。并非只有糖果能够给人带来甜蜜，并非只有甜蜜能够给人带来欢愉，并非只有欢愉才是人生的真谛。一个从未经历痛楚的人，必然会对幸福缺少判断力。

从常常忍受不了痛楚到在痛楚中发现喜悦，两者的差别在于，一个人拥有多大的力量来热爱生活。爱实在是天下最有力量的事情，它常常产生奇迹。

## 贫穷是最好的大学

金 本

时间：1997年9月5日，并向前追溯12年
地点：天津市
人物：天津一中高三学生金鹏、他的妈妈

1997年9月5日，是金鹏到大学报到的日子。从此，他将走进

中国的最高学府——北京大学，开始他的大学生活。其实，在这个日子之前，金鹏已经读完了一所大学，并出色地完成了学业。这所大学，就是"贫穷大学"。

这所"贫穷大学"，金鹏是怎样读下来的呢？了解他的人都说那简直就是一部动人的多幕连续剧。那就让我们感受这部连续剧吧。

### 第一幕　捡铅笔头的小孩

金鹏出生在天津武清县大友岱村。

金鹏出生那天，奶奶病倒在炕上。

四岁那年，爷爷得了半身不遂，家里从此一年年欠债。

七岁的时候，金鹏走进了小学的校门。学费是妈妈向别人借的。

在学校的操场上，小伙伴把用短了的铅笔头扔到了地上。金鹏趁同学们不注意，悄悄地捡起来。回到家里，把铅笔头擦干净，削出铅芯，用线捆在一根小棍上。第二天，他就用这支铅笔写作业。

练习本用完了，他知道妈妈没钱买，就用橡皮把写过的字轻轻擦掉，继续用。

不过，这个小孩很争气。无论大考小考，他的数学总是满分。妈妈很高兴。

上小学前，金鹏就学会了四则运算和分数小数。在小学里，他又自学了初中的数理化。上了初中，他又学完了高中全部的理科课程。

## 第二章　那一份清醒的疼痛

1994年5月，天津市举办初中物理竞赛，金鹏成了市郊五县学生中唯一考进前三名的农村小孩。

金鹏用好成绩回报了妈妈。

### 第二幕　他把《录取通知书》塞进了枕头

1994年6月，金鹏接到了著名的天津一中的破格《录取通知书》。他欣喜若狂地跑回家，迎接他的却是全家人的满脸愁云。

原来，奶奶刚去世半年，爷爷又生命垂危，家里已经欠下了债务一万多元。金鹏默默地流下了眼泪。

晚上，屋外传来争吵声。为供金鹏上学，妈妈要卖掉家里的小毛驴，爸爸坚决不同意。没想到，这一吵，爷爷着了急，一下子便离开了人世。

金鹏悄悄地把《录取通知书》塞进了枕头，天天帮助妈妈下地干活。

两天后，小毛驴不见了。爸爸发怒了，冲着妈妈大吼起来。妈妈也对爸爸吼起来："娃儿要念书有什么错？金鹏能上市一中，是咱武清县独一无二的，咱怎么能把孩子的前途耽误了？没有毛驴，我一人用手推，用肩扛！"

金鹏手捧着卖驴得来的600元钱，发着抖要给妈妈跪下！

妈，我对不起你们！

### 第三幕　妈妈是跪着割麦的

金鹏进了天津一中。

秋天，他回家拿衣服，发现爸爸面色蜡黄，皮包骨头躺在床上。金鹏偶尔拿起药瓶一看，发现那上面的英文写的是：抑制癌细胞药！

金鹏哭着问妈妈是怎么回事。妈妈告诉他，自他上了一中后，爸爸就开始便血，一天比一天严重。妈妈借了6000多元钱带爸爸去天津、北京检查，诊断为肠息肉，要尽快做手术。现在正在筹集钱呢。

自己不在家，爸爸病成这样，这日子妈妈是怎样熬过的？

邻居告诉金鹏，三亩地的麦子全是妈妈一人收割、搬运、打场的。麦子熟一片，妈妈赶紧割一片。用平板车把麦子运回家，晚上铺一块塑料布，赶快在大石头上摔打脱粒。妈妈累得已经站不住了，她是跪着割麦子的呀！

金鹏哭了，他抱着妈妈说："妈妈，我不上学了！"

## 第四幕　唯一不吃青菜的学生

为了不让金鹏饿肚子，妈妈很想给他买点方便面补充一下营养。可是，方便面也买不起。妈妈只好步行十几里路，去批发一些方便面渣。

每个月底，妈妈来看金鹏时，总是带着一个大袋子。袋子里放的是方便面渣、废纸、黄豆辣酱、咸芥菜丝和一把理发推子。

金鹏是学校里唯一不吃青菜的学生，每顿饭他只买两个馒头，回宿舍泡点方便面渣，就着辣酱和咸菜吃。他是学校里唯一用不起稿纸的学生，他总是用一面印字的废纸打草稿。他又是学校里唯一

## 第二章　那一份清醒的疼痛

没用过肥皂的学生，总是到食堂要一点碱面洗衣服。

但金鹏从来没有自卑过，他对妈妈说，与苦难和厄运抗争，无上光荣！

### 第五幕　含着石子练英语

天津一中的英语水平很高，一进校，金鹏吓蒙了，有点害怕英语课。妈妈却笑着对他说："你是最能吃苦的孩子，妈不愿听你说难字。一吃苦，就什么都不难了！"

金鹏记住了妈妈的话。他听说，练好英语，首先要让舌头听话。于是，他捡了一枚小石子，洗干净，放在嘴里练发音。

舌头跟石子磨呀磨，有时竟磨出了血。但他依然坚持着。

半年时间过去，小石子磨圆了，金鹏的舌头也磨顺了，英语成绩进入了全班前三名。

### 第六幕　要拿就拿一等奖

1996年，金鹏参加了全国奥林匹克知识竞赛天津赛区的比赛，结果获得了物理一等奖、数学二等奖。他刚想向妈妈报喜的时候，突然想到，数学才是个二等奖呀。那哪儿行，要拿就得拿到一等奖！

回校后，他马上请老师帮他找原因。原来，他主攻的项目太多，分散了精力。于是，他马上把精力集中到了数学上。

1997年，在全国数学奥赛中，金鹏终于以满分的成绩夺得了第一名，进入了国家集训队。

## 第七幕　登上国际奥数领奖台

1997年7月28日，第38届国际奥林匹克数学竞赛在阿根廷举行，金鹏代表中国参赛。

出发前，金鹏把包打好，包里依然是书籍和黄豆辣酱。身上穿的是颜色、大小极不协调的旧衣服。老师惊讶地说："金鹏，你就穿这身衣服啊？"

金鹏说："老师，我不怕丢人。妈妈告诉我，'腹有诗书气自华'。穿着这身衣服去见克林顿，我都不怕！"

27日，从早晨8：30，直到下午2：00，金鹏完成了五个半小时的考试。

28日，金鹏把金光闪闪的金牌牢牢地捧在了手中！当晚，中央人民广播电台和中央电视台播出了这条消息。

8月1日，金鹏和同伴载誉归来。中国科协、中国数学学会为他们举行了隆重的欢迎仪式。

当晚十点多钟，金鹏回到了家，他一头扑进妈妈的怀里，把金牌掏出来，挂在了妈妈的脖子上，然后畅畅快快地哭了。

12日，金鹏同妈妈一起坐在了天津一中的祝捷大会的主席台上。金鹏在讲了一段朴朴实实的话之后，向妈妈深深地鞠了一躬！

# 第三章　爱自己是人生的起点

人是应该有自爱的，自爱不是自恋，自爱就是一个人要有自知之明，要知道什么是爱，自己珍惜自己的名声，不要把自己不当回事，自己知道自己是怎么回事。尼娜·拉里什－海德尔是德国慕尼黑的诊所大夫和心理医生。在她幼年的时候，备受冷落，她之所以能从童年的艰难岁月里解救出来，是因为她总是能够坦诚地善待自己。自爱是一种艺术，即使觉得自己很讨厌、很笨，或者……但你也热爱自己。

尼娜·拉里什－海德尔在她《自爱的艺术》中写到：

"自爱就是向自己敞开胸怀，使自己能感受周围和自身的一切；自爱就是愿意接受自己所做的一切，不加任何评论或批判；自爱就是给自己以足够的重视与关注，以使自己能常常和自己接触；自爱就是让自己这样地生活，说出自己受感动的东西，说出自己觉得重要的东西，使自己越来越为自己和别人所看见；自爱就是做自己生活以及所经历、所领悟和所发现的事物的主人，并对其承担责任；自爱就是我怎么样对自己很重要，但这是按照自己的意志而不是别人的价值来判断的；自爱就是不要脱离世界其他部分去观察自己，体验自己，而要把自己作为整个世界的一部分来理解；自爱就是给

自己一个生活方向：'我要使自己成为一个有爱心的人。'

……

自爱就是直面自己，与自己进行沟通，就是你对自己来说是很重要的，只有这样才能得到幸福。通过倾听自己，感受自己，追踪自己，放弃对自己的控制，从而表达自己，表现自己，有助于自己更好地了解自己，更多地认识自己。你是否自爱，取决于你的感觉如何。你千万不要孤立自己，你寻找与别人的共处，你知道你需要通过他们来认识自己以往的人生经历。当你热爱自己时，你就是强者，当你不爱自己时，你倒不如说就是个弱者，你表现自己越少，你认识自己也就越少。如果你愿意尊重自己，别人也会尊重你。因为一个自私自利的人认为，这个世界只有他一个人。"

一个不知道自爱的人，不懂得自爱的人，是糊涂的人，不聪明的人，这样的人没有爱，他又怎么会去爱别人呢？只有懂得如何爱自己，才能够设身处地为他人考虑，也才能够真正地懂得如何去爱他人。一个从没爱过自己的人，血液一定是冰冷的。我无法想象这样的一个人能够去真诚或深情地爱他人。

《为自己负责》：爱自己，是爱的实践的第一步。生命是自己的，我们得为自己负责。在孤独漫长的生命旅程中，谁都渴望能获得帮助，谁都会盼望被人温暖，谁都会希望有人能帮助自己逃避无情的风雨——而且，也确实会有一两次这样短暂的时刻，但是，有谁会长久地站在我们的身边呢？除了自己，我们别无他物。有人帮我们，是我们的幸运，无人帮我们，是公正的命运。没有人该为我们去做什么。

## 第三章　爱自己是人生的起点

《学会欣赏》：用欣赏的眼光审视自然与世情，我们会发现大自然和生活原本是这样的美好；用欣赏的心对待亲人和同事，我们会由衷地感激在这只有一次的人生，我们得以牵手结缘相聚同行；在欣赏的目光和氛围中工作生活，我们会更加愉悦自信地去做好我们该做的一切——应尽的责任和义务。学会欣赏，人生之旅会发现更多的美丽和情韵，自身的胸襟和生存的意义更加博大广泛。用欣赏的心态和眼光待人行事，我们的人生会进入一个更高的境界。

《在那生死一瞬间》：几乎每个人一生中都会遇到一些危机时刻，在那千钧一发的瞬间，如果能快速而冷静地做出有利的决定和行动，给自己保留一丝希望，那么最后往往能奇迹般地化险为夷，渡过危机。

《黄玫瑰的心》：如果我们拥有黄玫瑰的心，哪怕是失魂落魄、心如死水，当我们把自己泡在智慧的水里冷静以后，我们也就可以重振旗鼓。无论何时何地，无论怎样的困难，只要我们保持冷静，拥有一颗平常心，积极乐观地去面对，总会有得到解决的那一天。

《每天看到自己的优点》："人生旅途中，总会有跌倒的时候。"面对挫折，我们更要认识自己、了解自己和勇于面对。相信自己的能力，将挫折化为成功的动力。"请丢掉沮丧和绝望，请找到自己身上的优点，给自己信心。"

《愉快的棒球》：故事中的父与子都有些着糟糕的棒球技术。但是他们对于棒球的态度却截然不同，父亲"尽量避免亲自去打"，而儿子却在屡战屡败中"仍然面带微笑，就像刚刚得了冠军似的"，这是一种心态。能在玩的过程中找到乐趣，享受着自己快乐的人生，这不就是我们现在许多人所要追求的人生目标吗？人生，与其痛苦着，还不如快乐地活着。

《微笑如花》：微笑是一种心境。面露平和欢愉的微笑，说明心情愉快，充实满足，乐观向上，善待人生；微笑是一种自信。"那些勇立潮头的人，面对困难，面对挑战，甚至面对冷嘲热讽时，无不报以充满自信的微笑。"微笑是一种从容，说明你心底坦荡，待人真心实意。让我们用微笑来面对每一个人，每一件事。

《生命在于运动》：忽然想起清朝朱熹的那句诗："问渠哪得清如许？为有源头活水来。"水孕育了生命，生命如一泓清水。然而清水如果一旦停滞，不过是死水一潭。所以生命在于运动。选择懒惰与逃避，无疑等于自我放弃。或许，一时的安逸能为你带来片刻的轻松，但这是以违背生命规律为代价的。

聪明地爱自己，从现在开始，行动起来！

## 第三章　爱自己是人生的起点

# 为自己负责

乔　叶

我曾在一本心理学专著里读到过这样一则很有意思的案例分析：

一位美国心理学家到一位中国人家中做客。主人两岁多的小宝宝在客厅里跑动，不小心被椅子绊倒，大哭起来。当妈妈的赶紧跑过来抱起小孩，然后一边用手打椅子一边说："宝宝不哭，妈妈打这个坏椅子，妈妈打这个坏椅子。"心理学家见此情景不禁有些狐疑。过了一会儿，她对这位母亲说："这跟椅子没关系，是他自己不小心被椅子绊倒了，是他自己造成了这样的结果而并非是椅子的错。你应当让他知道，如果是他做错了什么事，责任就应当由他自己来负。这样他长大后就会慢慢懂得，在他与这个世界发生关系时，他所应负的责任是什么。"

看到这里时，我不由得笑了。我想起了我自己。

师范毕业后，我和大多数同学一样，回到乡下当了一名小学教师。虽然嘴上不说什么，但在心里却着实觉得自己有点儿大材小用。于是备课时不过是走走形式，讲课时觉得是小菜一碟，从不旁听其他老师的课，更不和同事交流什么心得体会，被誉为"全乡最自由的老师"，而学生的考试成绩却总是一塌糊涂。不过我又觉得这不是我的水平和态度问题，而是乡下学生的素质太低。"苗儿不好怎么会有好收成？"我振振有词地对校长讲。当时，我也开始隔三差五地写些不疼不痒的稿子偷偷寄出去，但总是石沉大海，于是我也暗暗埋怨那些编辑都是"有眼无珠"之人。同时又哀叹自己父母双亡，出身太苦，虽有一个在县城当局长的哥哥，却又顾不上我的死活……我就这样陷入了一种昏天黑地的恶性循环中，直到认识了我现在的爱人——当时的男友小林。

一个月夜，我对小林哭诉了我的"坎坷"与"不幸"，听后，他没说一句同情与宽慰的话。沉默了许久，他才说："你为什么不说说你自己呢？"

"我一直都在说我自己啊。"我困惑地说。

"可我听到的全都是别人的错误和责任。"他说，"你有没有想过，为什么面对的是同样的乡下学生，有的老师能教出那么好的成绩而你却只能充当垫背的？为什么面对的是同样的杂志和编辑，人家的稿子能上而你却不能？不，先不要急着历数你付出的努力，我只建议你去想想其中你应负的那部分责任。"林顿了顿，继续说了下去，"我们再来谈谈你的工作。我想问问你，你有什么资格这么强烈地要求哥哥帮你调工作？哥哥在为他的前途孤身奋战的时候你又为他做过什么？进一步说，不要看他是个局长，即使他是个市长、省长，和你的工作又有什么必然的联系？退一步说，即使是父母在世，帮你调工作也不是他们非尽不可的责任和义务，你又有什么权利去要求哥哥？父母把你养大，国家给你教育，社会给你位置，换来的就是你的满腹牢骚和抱怨吗？你为自己做出过什么？你应该做些什么？你做得够不够？"

那真是我有生以来遭受最多的一次诘问。每一个"你"字，他

## 第三章 爱自己是人生的起点

都强调得很重，像锤子一样打在我心上。月光下，我的大脑一片茫然，真的，我从没有想过这些问题，从没有把锋利的矛头对准过自己。我总是想当然地把一切借口推到身外，而把所有理由留给自己，从没有想过自己有责任去承担自己的生命。

从那以后，我变了。教学成绩、发稿状况和工作环境也随之发生了一系列根本的变化。因为我彻底明白了：虽然有许多必然的外力我们无法把握，但我们最起码能把握住自己。我们完全可以让自己的"不幸值"降到最小，而让自己的"幸运值"取得最大——只要我们学会承担起自己的责任，让自己为自己负责。

一位朋友曾对我讲过她在外地某学院进修时碰到的一件事情。与她同屋住的有两个女孩，其中一个女孩在家是个独生女，在学院里也处处撒娇卖嗲，要人宠她。因为同住一个宿舍，相处的时间多，朋友不好拂她的面子，只好敷衍她。但是另一个女孩个性却很强，就是不买那个娇女孩的账。娇女孩被她顶撞了好几次，便不再到她面前"邀宠"了。朋友羡慕地问那个女孩为何会有如此的勇气，那个女孩笑道："本来嘛，宠宠她也无所谓，但是可怕的不是去宠她，而是她已经习惯了让别人宠，也已经习惯了去宠自己。我只是想让她知道：在这个世界上，除了父母宠你是不可克服的天性之外，没有谁有必要非去宠你。你想要人宠，首先要有被人宠的资格。而且，即使你拥有了被人宠的资格，宠不宠你也还是别人的事。"

这件事情曾让我沉思良久。其实，说真的，不仅是那个娇女孩，生活中像她那样习惯于让别人宠自己和自己宠自己的人简直是不计其数，处处可见的。在孤独漫长的生命旅程中，谁都曾渴望能获得帮助,谁都会盼望被人温暖,谁都会希望有人能帮助自己逃避无情的风雨——而且,也确实会有一两次这样短暂的时刻,但是,有谁会长久地站在你的身边呢?除了自己,你别无他物。有人帮你,是你的幸运,无人帮你,是公正的命运。没有人该为你去做什么,因为生命是你自己的,你得为自己负责。

## 学会欣赏

张晓惠

当一声鸽哨嘹亮地划破城市的天空,你看那道路两侧的花坛中树枝上就绽出了粒粒花蕾点点嫩芽,一片嫣红满目翠绿。

当缕缕春风拂过乡村的清晨,你看那摇摇摆摆的鹅群趟下坎沟,小河就欢快地铺上一层绒绒的白,株株小草一起做着深呼吸,漫漫四野忽地就向着蓝天蓬勃起丛丛绿色的火焰。

邻家的女孩穿着格子短裙大声地唱着"GO!GO!"蹦蹦跳跳,那苗条的身姿活泼的笑容,让你觉得青春真好!

日日相见的同事,自学拿到了学位在知识竞赛中又获了大奖,你真是满心地高兴由衷地赞叹:了不起,太棒了!

五彩缤纷的世界,多姿多彩的生活,就是这样,让心怀纯真向往美好的人们不时地感受无尽的自然美和人性美,欣赏便由此而生。然而,在平常的生活中,我们是否能时时都以欣赏的情怀和心态去发现、审视、对待所遇的人和事呢?

## 第三章　爱自己是人生的起点

一般来说，人人都有欣赏的眼光，也都有需要他人欣赏的心态。但由于人性的弱点，欣赏物容易，欣赏人较难；欣赏远离自己的人易，欣赏近处的人难；欣赏家人和自己容易，欣赏他人和同事则较难；欣赏异性容易，欣赏同性的人又难。更由于人类共有的特点，"自己的，是最好的"，对他的所长所优会不屑一顾甚至嗤之以鼻……加之大千世界纷繁复杂，喧嚣浮躁之中，我们还有没有一颗明净的心灵来分辨泥沙俱杂中的珠贝？转型期中纷至沓来的多元价值观，我们还有没有一双敏锐聪慧的眼力来欣赏那于人生中最重要的真善美？竞争拼搏脚步匆匆，我们还有没有细腻从容的心情来欣赏生活中的一草一木、蓝天白云，湖面上的星星，夕阳晚风中飘来的声声清笛？

生命需要欣赏。那次在珍珠泉，远看水面细雨渐沥，近观方知是无数只泉眼在鼓涌。导游小姐说：鼓掌呀！泉水听到掌声会高兴得很啊！随着我们一行劈劈啪啪掌声响起，奇景出现了：无数粒泉水在掌声中向上翻腾跳跃，在熠熠金阳下玲珑剔透，真如粒粒玉润浑圆的珍珠！原来，连泉水都需要欣赏的啊！但欣赏，又谈何容易？！

欣赏，是要苦苦修炼的。

欣赏是一种修养，一种沉稳洒脱严于律己尊重他人的风度；欣赏是一种胸襟，容得下他人的才华和长处，同时作为自己不懈地学习和进取的动力；欣赏是一种滤尽了一切利欲渣滓的从容情怀，面对缤纷繁华不会眩晕，哀荣恩怨平静超然；欣赏更是一种哲学，观一花可观一世界，于小草可见大精神。

用欣赏的眼光审视自然与世情，我们会发现大自然和生活原本是这样的美好；用欣赏的心态对待亲人和同事，我们会由衷地感激在这只有一次的人生，我们得以牵手结缘相聚同行；在欣赏的目光和氛围中工作生活，我们会更加愉悦自信地去做好我们该做的一切，应尽的责任和义务。

一个不会欣赏或欣赏力低下的人，生活的宽度和广度极其有限，多姿多彩的人生韵味和情调也无从领略。学会欣赏，生之旅途会发现更多的美丽和情韵，自身的胸襟和生存的意义更加博大广泛。用欣赏的心态和眼光待人行事，我们的人生会进入一个更高的境界。

## 在那生死一瞬间

刘 墉

上中学三年级的时候，我看过法国电影《里奥追踪》，是让·保罗·贝尔蒙多演的。剧情早模糊了，只有一个画面，40年来不曾忘记。

片中贝尔蒙多被歹徒追到高楼顶上，眼看无路可逃、非死不可的时候，他急中生智，把楼顶边上一个汽油桶推了下去，同时做出惨叫的声音，接着躲在一个柱子后面。

这时歹徒们冲上屋顶、听到惨叫，以及下面传来的砰然巨响，几个人跑到边上，看看几十层的高楼下只有一片违章建筑呈现的破洞以及飘起的灰尘，想贝尔蒙多一定活不成了，便大笑几声，匆匆

## 第三章　爱自己是人生的起点

离开。

这情节也让我想起在纽约教书时一个女学生的遭遇。那天，她上完我的国画课回家，刚进电梯，突然一个年轻人跟进去，掏出一把刀。

"把裙子脱下来。"那暴徒拿刀指着她说。

"不要找我。"已经三十多岁的女学生机警地说，"我很老了，比你妈妈都老了。"

"不要啰嗦"。那暴徒居然吼道，"我就是喜欢老的。"

正说着，到了女学生要去的楼层，电梯门开了，暴徒反应快，立刻按了"关"，门马上又关了起来。可是就在门开的那一瞬间，女学生把手上的皮包从门缝间甩了出去。暴徒愣了一下，匆匆忙忙地按一楼，门一开，便落荒而逃。

"因为他知道有人看见我的皮包，会想到电梯里出了事。"女学生说，接着笑笑，"而且就算被强暴，总保住了我的皮包，里面有老师你的画稿，值不少钱呢。"

今年年初，欧洲一连几天是大风雪天。在瑞士的一个滑雪胜地，一群人正由高处滑下，突然发生雪崩。滚滚的雪像海浪一样由高处坠下，没有人能逃得过，十几个人全被活埋在厚厚的雪里，只有一个妇人生还。因为她发现无处可逃时，拼全力举起她的滑雪杖。雪崩过后，人们过来援救时，在一片白皑皑的雪地上，看不到任何人影，只见一根滑雪杖的小尖尖露在外面。

顺着滑雪杖挖下去，看到她，她居然能从六尺深的雪中被救出来，毫发无损地活了。看到这个消息，我想，怪不得常听美国家长和老师叮嘱孩子，如果在湖上溜冰的时候遇到薄冰，掉了下去，在落水的那一瞬间，千万记着要把帽子、手套或围巾扔到冰上。

据说许多人都因为这样做而获救。因为人跌入冰面下的水中后，很难立刻找到那裂口，而要是他把色彩鲜艳的帽子或围巾扔在薄冰上，则比较容易找见冰面的裂口。更重要的是，别人可以很快地发现那突然失踪的人。

最近在台湾电视的《美国地理》节目中，又看见一个"逐浪求生记"。

1997年1月4日，在那"没有上帝"的南太平洋中，独自驾驶"挑战者"号帆船参加全球航海赛的东尼·布里莫遇险了。十二级强风卷起滔天的巨浪，把他的帆船打翻了。

东尼的手指被舱门切断了，流出鲜血，露出白骨。但在那千钧一发间，东尼做了一件重要的事——

他先用绳子把求救发讯器绑在船身上，再把它扔出窗外。

帆船倒扣在怒浪中，东尼靠着舱中剩下的一点空气和海水淡化器，忍着严寒，等待救援。

澳大利亚的海军确实收到了他求救的讯号，但是距离陆地1300里的距离，多快的船，都得好几天才能开到，海上救难机则飞不了这么远。猜想东尼一定活不成，但是澳大利亚皇家空军有史以来最大的海上救难行动还是展开了。

五天之后，他们终于靠着求救发讯器发出的讯号，找到那船底朝上的"挑战者"号，以及居然还活着的东尼。

看完电视，我沉思良久。这些求救的人，都有一个共同的地方，

## 第三章　爱自己是人生的起点

就是在那千钧一发时，把一样重要的东西扔（抻）出去。那是一个讯号、一个消息，它告诉大家："我在这里。"

多重要的决定啊。当你发现呼喊没有用，或容不得你呼喊时，趁着还有一点机会，给别人留下一个信号，也为自己留下一点希望。

这件事，值得我们每个人常想想，并且牢牢记在心底。

谁敢说哪一天，它不会救你一命呢？

## 黄玫瑰的心

[台湾] 林清玄

为了这绝望的爱情，我已经过了很长时间沮丧、疲倦、行尸走肉般的日子。昨夜从矿坑灾变中采访回来，因痛惜生命的脆弱与无助，躺在床上不能入睡。清晨，当第一道阳光照入，我决定为那已经奄奄一息的爱情做最后的努力。我想，第一件该做的事情是到我常去的花店买一束玫瑰花，要鹅黄色的，因为我的女友最喜欢黄色的玫瑰。

刮好胡子，勉强拍拍自己的胸膛说："振作起来。"想到昨天在矿坑灾变前那些沉默哀伤但坚强的面孔，我出门了。

往市场的花店走去，想到在一起 5 年的女朋友，竟为了一个其貌不扬、既没有情趣又没有才气的人而离开，而我又为这样的女人去买玫瑰花，既心痛又心碎，生气又悲哀得想流泪。

到了花店，一桶桶美艳的、生气昂扬的花正迎着朝阳开放。

找了半天，才找到放黄玫瑰的桶子，只剩下9朵，每一朵都垂头丧气，"真丧气，人在倒霉的时候，想买的花都垂头丧气的。"我在心里咒骂。

"老板，"我粗声地问，"还有没有黄玫瑰？"

老先生从屋里走出来，和气地说："没有了，只剩下你看见的那几朵啦。"

"每朵的头都垂下来了，我怎么买？"

"喔，这个容易，你去市场里逛逛，半个小时后回来，我包给你一束新鲜的、有精神的黄玫瑰。"老板赔着笑，很有信心地说。

"好吧。"我心里虽然不信，但想到说不定他要从别的花店调，也就转进市场逛去了。心情沮丧时看见的市场简直是尸横遍野，那些被分解的动物尸体，使我更深刻地感受到了悲苦的世界，小贩刀俎的声音，使我的心更烦乱。

好不容易在市场里熬了半个小时，再转回花店时，老板已把一束元气淋漓的黄玫瑰用紫色的丝带包好了，放在玻璃柜上。

我不敢相信自己的眼睛，说："这就是刚刚那些黄玫瑰吗？"——它们垂头丧气的样子还映在我的眼前。

"是呀，就是刚刚那些黄玫瑰。"老板还是笑眯眯地说。

"你是怎样做到的，刚刚明明已经谢了。"我听到自己发出惊奇的声音。

花店老板说："这非常简单，刚刚这些玫瑰不是凋谢，只是缺水，我把它整株泡在水里，才20分钟，它们全又挺起胸膛了。"

"缺水？你不是把它插在水桶里吗？怎么可能缺水呢？"

## 第三章　爱自己是人生的起点

"少年仔，玫瑰花整株都需要水呀，泡在水桶里是它的根茎，就好像人吃饭一样。但人不能光吃饭，人要有脑筋、有思想、有智慧，才能活得抬头挺胸。玫瑰花的花朵也需要水，但是剪下来后就很少人注意它的头也需要水了，整株泡在水里，很快就恢复精神了。"

我听了非常感动，愣在那里：呀，原来人要活得抬头挺胸，需要更多智慧，应当把干枯的头脑泡在冷静的智慧水里。

当我告辞的时候，老板拍拍我的肩膀说："少年仔，要振作呀！"这句话差点儿使我流着泪走回家，原来他早就看清我是一朵即将枯萎的黄玫瑰。

回到家，我放了一缸水，把自己泡在水里，体会着一朵黄玫瑰的心，起来后感觉通身舒泰，决定不把那束玫瑰送给离去的女友。

那一束黄玫瑰每天都会泡一下水，一星期以后才凋落花瓣，但却是抬头挺胸凋谢的。

这是在几十年前，我写在笔记上的一件真实的事。从那一次以后，我知道了一些买回来的花朵垂头丧气的秘密。最近找到这一段笔记，感触和当时一样深，更切实地体会到，人只要用细腻的心去体会万象万法，到处都有启发的智慧。

一朵花里，就能看到宇宙的庄严，看到美，以及不屈服的意志。

有一位花贩告诉我，几乎是所有的白花都很香，愈是颜色艳丽的花愈是缺乏芬芳。他的结论是：人也是一样，愈朴素单纯的人，愈有内在的芳香。

有一位花贩告诉我，夜来香其实白天也很香，但是很少闻得到。他的结论是：因为白天人的心太浮了，闻不到夜来香的香气；如果一个人白天的心也很静，就会发现夜来香、桂花、七里香，连酷热的中午也是香的。

有一位花贩告诉我，清晨买莲花一定要挑那些盛开的。结论是：早上是莲花开放最好的时间，如果一朵莲花早上不开，可能中午和晚上都不会开了。我们看人也是一样，一个人在年轻的时候没有志气，中年或晚年是很难有志气的。

有一位花贩告诉我，愈是昂贵的花愈容易凋谢。那是为了要向买花的人说明：要珍惜青春呀，因为青春是最名贵的花，最容易凋谢。

有一位花贩告诉我……

让我们来体会这有情世界的一切展现吧。当我们有大觉的心，甚至体贴一朵黄玫瑰，以心印心，心心相印，我们就会知道，原来在最近、最平凡的一切里，就有最深、最奇绝的睿智呀！

## 每天都看到自己的优点

一 哲

那年，演艺事业陷入低谷的蔡琴遭遇了更大的打击，与台湾著名导演杨德昌维持了15年的婚姻宣告结束。那段日子非常痛苦、茫然，蔡琴不知道该向何处去。

一天，有4个朋友结伴来看她，自然少不了安慰和鼓励的话。蔡琴摇摇头说："一切都结束了，我再也无法站起来了，我什么也没

## 第三章 爱自己是人生的起点

有了。"一位朋友说："不，你有许多优点呀，这些优点就是你重新开始的最好资本呀。"

"优点？我哪有什么优点？"蔡琴摇头说。

"这样，我们把你的优点一一写在纸上，好吧？"朋友不管蔡琴同不同意，就找来纸和笔。然后，4个人开始在纸上写蔡琴的优点。整整写了30分钟，加起来总共有225条。朋友把这225张写着蔡琴优点的纸条小心翼翼地折叠好，然后让蔡琴找出一个瓶子，把这些纸条全部装进去。做完这一切后，朋友们对蔡琴说："我们不是恭维你，你的这些优点是你以前给大家的印象。从明天起，你每天起床后从这瓶子里拿出一张纸条，看看纸条上的字，你就会对自己有信心了。"

蔡琴觉得这很有意思。第一天，她起床后就打开了瓶子，拿出了一张纸条，慢慢展开，上面写着两个字："乐观"。下面还有一行小字："蔡琴，加油！"看着纸条，蔡琴的眼睛湿润了，她感受到了来自朋友的关爱，心里暖暖的。那天她吃了早餐，她已经好长时间没有吃早餐了。第二天早晨，蔡琴从瓶子里拿出了第二张纸条，上面写着两个字："聪明"。她笑了，没想到在朋友眼里，自己是个聪明的人。

第三天，蔡琴手中的纸条上写着："有歌唱天赋"；第四天，蔡琴手中的纸条上写着："进取心强"；第五天……

225张纸条，每张纸条上都写着朋友对自己的评价。也不知从哪天开始，蔡琴开始微笑，开始昂着头走到大街上，开始坐在窗前，为自己的未来规划……

告别伤痛，蔡琴带着信心和歌声再次走上了舞台，仿佛又回到了青春岁月。她的事业进入了第二个春天。

人生旅途中，总会有跌倒的时候。请丢掉沮丧和绝望，请找到自己身上的优点，给自己信心。

## 愉快的棒球

[美] 大卫·威斯特菲尔德

棒球可能是美国人最喜爱的娱乐方式之一，但我是个例外。打小时候起，我就常常站在外场，一遍又一遍地向上帝祈祷："千万别让球朝我这边飞来！"曾经有一次，当我连一个非常容易的球都没有击中时，我的教练索性把球从地上滚过来，他问我，是不是想打高尔夫？

长大以后，我学会了欣赏棒球赛，甚至还成了当地棒球队的球迷。当然，我还是尽量避免亲自去打。但我希望八岁的儿子瑞安能学会打棒球，不要像他老爸似的。于是，我为他在一个棒球训练俱乐部报了名。

儿子第一次训练的时候，我在看台上坐立不安。老天爷，别让瑞安像我似的老是失败。"加油！孩子！"我学着其他父亲一样大声呐喊着。自动捡球机的手臂举了起来，然后，球扔了出来，瑞安使劲一击……没打中；捡球机的手臂又举起来了，瑞安又使劲一击……还是错过了。扔球，击球，错过；再扔，击球，

## 第三章 爱自己是人生的起点

再错过。一遍又一遍。唯一和我小时候不同的是：现在瑞安有了自动捡球机，不会像我小时候的捡球人那样时不时地说两句俏皮话来取笑。

瑞安甚至一次都没有击中扔过来的球。训练结束后，我已做好精神准备——走到我身边的小家伙神情沮丧。可出乎我意料，他竟然满面春风地回来了。

"爸爸，我想要一杯冰淇淋。"

"好的。"我边走边说，心想，他倒是自我感觉良好。也许下次他会有进步的，毕竟还有整整一季的时间呢！

然而，瑞安还是老样子。一次又一次训练过去了，他不断地错过接球机会。在他这个初级班里，每一轮，每个孩子都有5次机会。瑞安却一次又一次地失误，没有击中过任何一个球。我本来试图鼓励他，但一看见那些丢失的机会，就心怀惋惜，打不起精神。有一些球看起来差之毫厘，可惜还是错过了。"打得不错。"我努力做出乐观的样子。"谢谢，爸爸。"他仍然满面笑容。

每当瑞安击球时，我便开始在外面不安地走动。他每错过一个球，我都感觉是我自己没击中。然而，下一次轮到瑞安时，他总是高高兴兴地从休息处走出来，和同学们一起继续挥棒训练。他就不怕同学笑话吗？我一直希望儿子自己说出不想参加了，但小家伙从不言放弃。

一个春日，当儿子还是一无所获地完成了他那几棒，到他妈妈这里来喝水时，"有几棒打得很好喔！"他妈妈说，摸摸他的头发。

"好样的，儿子！"我机械地说。他则照例咧嘴笑了，像个胜利者似的。在我看来，这笑多么不合时宜啊。他转身回到训练场去时，我禁不住摇了摇头。我真不懂，他是这个班里唯一一个一次都没击中球的孩子，他怎么还能如此高兴？

"放松点儿，"妻子说，"如果瑞安自己对成绩都不担忧，你瞎操什么心？他正玩得高兴呢！那才是关键，你知道吗？"

可是，他怎能如此高兴呢？我小时候，一旦没有击中球就羞愧难当，觉得没脸见人，恨不得挖个地洞钻下去。瑞安没击中球，他心里肯定也不好受，我想。这时，又轮到他了，我走到外场。

瑞安走上前去，一如既往地认真、专注。哪怕他只击中一次球也好啊！我想着。自动捡球机捡起了球，扔过来，没击中；再来一个，还是没击中。

"眼睛看着球，"教练喊道，"球又过来了！"

第三次失误。我闭上了眼睛。

第四次失误。"瑞安，加油！"同学们喊道。

第五次失误。

我睁开眼，无助地望着地下。我抬起头来时，瑞安已经和他妈妈在一起了。他喝了一大口水，仍然面带微笑，就像他刚刚得了冠军似的。

过去训练的日子像电影画面一样从我脑海里掠过——全是儿子失误的画面。他努力去做了，还在继续努力着。

这时，瑞安望着我，跷起了大拇指。我一下子恍然大悟。棒球之于瑞安确实不同于棒球之于我，不管儿子的成绩如何，他能从中找到乐趣，是的，这才是关键所在。

第三章　爱自己是人生的起点

我向瑞安笑了笑，回他一个跷起的大拇指。他转身回到场里，我终于没再走到场外，放心地坐了下来，心里赞叹着儿子健康、积极的心态。训练结束后，我们吃着冰淇淋，我拍拍儿子的肩膀，"嘿！小伙子！老爸我真的为你骄傲！"我说，"爸爸喜欢你玩棒球的态度。"

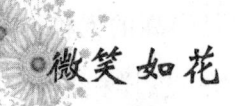

## 微笑如花

董保纲

把微笑比作花朵的人，一定是生活中充满阳光的人。

微笑常常被誉为"解语之花，忘忧之草"。真诚的微笑，总会给人一种温暖，它使美好的情愫、愉快的思绪和善良的理解，水乳般地交融在一起。

微笑不同于大笑，不同于狂笑，更不同于冷笑、嘲笑，或者似笑非笑。它是一种发自内心的最自然的笑。微笑常常是一个人自信力的象征。在顺境中，微笑是对成功的嘉奖；在逆境中，微笑是对创伤的"理疗"。倘若一个人充满自信，那么他在遇到困难时，就能够镇定自若，笑对人生。那些勇立潮头的人，面对困难，面对挑战，甚至面对冷嘲热讽时，无不报之以充满自信的微笑。

一位诗人写道：我微笑着走向生活，无论生活以什么方式回报我。报我以平坦么？我是一条欢快的小河。报我以崎岖吗？我是一座庄严的大山。报我以幸福吗？我是一只凌空飞翔的燕子。报我以不幸吗？我是一根经得起千击万磨的劲竹。

真诚的微笑是心灵对外界的一种自然映照。它比开怀大笑多了一分柔和，比哑然失笑多了一分温暖。微笑不是奉承，不是勉强，不会掩饰。它包含着温情，这是微笑的魅力；它包含着理解，这是微笑的效果；它包含着赞许，这是微笑的神圣。

热情的微笑是社会的幸运、智慧的外化、和平的天使，它展现于人们的脸颊，蕴含的却是崇高的人格。在现实生活中，如果能多一些微笑，便会多一些愉快、安详和融洽。

一位心理学家说："会不会微笑是衡量一个人能否对周围环境适应的尺度。"微笑能够适时地调整人们的心理活动，帮助人们驱散愁闷和各种烦恼，减轻生活的紧张和生活的压力，达到"乐以忘忧"的境界。一个不会微笑的人可能拥有名誉、地位和金钱，却不一定会有内心的宁静和真正的幸福。只有微笑，能让我们超越生活表层的无奈，直面人生的辛酸。只有微笑，能让我们直面失败，沉着应对，从头再来。

我的一位朋友，在写字台的玻璃板下压着一张字条，上面写着："一个微笑不费分文但给予甚多，它使获得者富有，也不会让给予者贫穷。一个微笑只是瞬间，但有时人们对它的记忆却是永远。世界上没有一个人富有和强悍到不需要微笑，也没有一个人贫穷得难以支付一个微笑。"朋友说，每一个看了这段话的人，都面带微笑。

微笑如花。缺少微笑的人，心灵上永远是一片冰川，而拥有微笑的人，拥有着人生无尽的幸福和快乐的源泉。

## 第三章 爱自己是人生的起点

# ●生命在于运动

[德] 叔本华

亚里士多德说：生命在于运动。显然，他是正确的，从肉体方面看，我们的存在是因为我们的机体是不断运动的；从理智方面看，我们借以存在的是连续的占有——无论其形式是实际的活动还是精神的活动。我们常能见到这样的情形，当人们无所事事或焦虑不安时喜欢用手指、小棍或其他任何伸手可得的东西敲桌子。这正表明人性的特征从本质上来说是好动的。我们很快对无所事事感到厌倦。这是令人无法忍受的烦躁，它使我们去调整自己的活动，引入某种方法，从而使自己获得更大的满足。活动！想要有所成就，就得学习，就得工作——没有活动，我们便无法生存！

一个人想要发挥其潜能，如果他能做到，那么，看看这种活动将会产生何种效果。倘若他能制造或建构某种东西——无论是一本书还是一只篮子——他将获得最大的满足。看到一件作品经过自己双手的劳作，经过漫长的时间，最终完成，会使你从中获得直接的愉悦。

从这一观点来看，那样一些人是最幸福的，他们意识到，伟大的目的激发创造伟大作品的能力，使他们的生活具有一种高雅的情趣。

在这个世界大舞台上，绝大多数人默默无闻，尔后便永远消失，只有天才过着一种双重生活，他们既是演员，又是观众。

因此，还是让每一个人都做些力所能及的事情吧。没有固定的工作，也没有确定的活动范围——这是一件多么可悲的事情！长期的动荡不安给人造成了极度痛苦，因为缺乏那种被称做占有的东西迫使他超出了自己正当的活动范围。努力吧，与困难进行搏斗！这就是像老鼠那样孜孜不倦地奔忙于地下的本性一样！满足他的全部欲望，是某种令人难以忍受的事情——持续太久的愉悦往往导致一种停滞感。

战胜困难就是充分体验生存的快乐，无论我们将在何处碰到障碍，不论在生活中、社交中、工作中还是在精神的劳作——亦即在试图左右其对象的精神探寻中，胜利永远会给人带来快乐。倘若一个人没有振奋自己的机会，就应当尽可能创造机会，并且，依据他个人的能力和嗜好决定自己是去打猎还是玩台球，或者受他本性中这种不可怀疑的因素引诱，将与某人发生冲突，或策划一项阴谋，所有这一切，都是为了结束那令人难以忍受的死气沉沉的静止状态。这一切，正如我所言，当你无所事事时，很难保持悠然娴静的心情。

# 第四章　真爱围绕在我们身边

真爱是什么？我想，真爱是一种从内心发出的关心和照顾，它没有华丽的言语，没有哗众取宠的行动，只有在点点滴滴一言一行中，你才能感受得到。

在我们的生活中，只要我们细心体会，你会发现：爱其实离你并不遥远，或许它早已默默地包容了你，你已经变成了最幸福的人。那时你就会发现，爱其实真的很简单……

没有父母，就没有我们自己；没有亲情、友情和爱情，世界就会是一片孤独和黑暗……

这些都是浅显的道理，没有人会不懂，但生活中的我们在理所当然地享受着这一切的同时，却常常缺少了一颗感恩的心。

《日不落家》：文中回忆女儿们的童年趣事，正是在婉转地表达对孩子们的深情，夫妻二人关心女儿们所在地的天气状况，正是告诉我们对孩子的牵挂，这一切都可归为两个字：亲情。亲情是一把结实的伞，你有困难了，为你遮风挡雨；亲情是一件厚厚的棉衣，你冷了，为你抵御严寒；亲情是一把舒服的椅子，一张柔软的床，你累了，让你忘记疲惫；亲情是一条干爽的毛巾，你哭了，为你拂去心中的泪水……

《红木钢琴》：祖母的坚持和努力最终打动了作者，与作者达成了一笔从未有过的买卖，"以每个月付十块钱、免利息、分52次偿还的方式购得她想要的钢琴"。这个故事再一次告诉我们，在爱的面前，没有不可改变的原则。祖母对孙女无私的爱感动了作者，也感动着我们每一个人。

《一个孩子的发现》：文中的马克一开始对父亲的感觉正应了中国那句老话，"严父慈母"。他是那样惧怕父亲，即便坐在离爸爸最近的位置，他也从不肯把手放在父亲的手臂上。父亲很少逗马克玩儿，也很少与他交流，但在面临危险的时候，让他看到了父亲的另一面，父亲默默地为儿子做了一切事情。这让我们发现，原来父爱还可以这样表达。不管怎样，父母是爱我们的，真爱就在我们身边。

《母爱没有具体的内容》：每个人对母亲这一角色都有着各自的理解，但都有一个共同点，那就是无私奉献。一个人，无论世事如何变迁，只要母亲还在，那他就依然是母亲怀里的那个"宝"，因为这个人在毫无条件地爱着他。

当我们一遍遍地感叹着，亲爱的爸爸、妈妈，你们是我一生中最重要的人的时候，我们又做了些什么呢？言语，在巨大的恩情面前，显得苍白无力。把口头的东西付诸行动，才是真正的孝心。

《购买奇迹》：亲情没有隆重的形式，没有华丽的包装，它在生活的长卷中，如水一样浸满每一个空隙，无色无味，无香无影。故事中8岁的小女孩甚至连什么是"奇迹"也不知道，就要拿"1美元11美分"来换取她所需要的"奇迹"，因为她爱父母，爱弟弟。或许，有真爱的地方，"奇迹"就会出现，小女孩正是用她坚定的信

## 第四章　真爱围绕在我们身边

念向我们证明了这一点。

《生命的药方》：友谊是一种很美妙的东西，它可以让你在失落的时候走出苦海，变得高兴，去迎接新的人生。真正的友情不依靠事业、祸福和身份，不依靠经历、地位和处境。只有拥有真正朋友的人，才能感受到它真正的美好之处。故事中的艾迪给了生病的德诺无限的快乐，陪他走完人生的最后一段旅程，这份友情值得珍惜，值得回忆。细心体会，也许我们身边也存在这份真挚的友谊，只是曾经被忽略了。

《梅老师》：文中的梅老师是一位伟大的老师。在龙卷风袭来之时，她临危不惧，确保了44个孩子安全脱险，但是，却未尽到一个普通母亲的责任——因为她让自己的孩子最后一个出去，可惜未能幸免于难。这44个孩子是幸福的，因为他们有一位这样爱他们的老师。试问，这份来之不易的生命是不是应该更加珍惜呢？！

《爱的礼服》：一个看似荒诞的生活细节，却让人读后心情久久难以平静。故事中的老太太陪着自己的先生来买礼服，而这套礼服的用处则是留着参加老太太的葬礼穿的。当爱情步入暮年，激情早已退去，留下的是一种平淡，是心灵的一种默契，这也应了那句老话——执子之手，与子偕老。

《恩重如山》：生活中，我们时常会得到别人的帮助，父母的辛勤养育、老师的谆谆教诲、家人温情的关爱、朋友的热情帮助，但有时这种帮助也会来自于陌生人，正因为生活中的这些帮助，我们才能享受到生活的美好。故事中的林正是因为得到了陌生人的馈赠，才使他和家人度过了一个快乐的新年，给了他继续上学的希望。真爱无处不在。只要人人都献出一点爱，世界将变成美好的人间。

《西蒙的爸爸》：有时，亲情未必来自于养育、疼爱我们的父母。故事中的西蒙从小没有爸爸，所以常常受到周围孩子的欺负。一次，当他伤心欲绝，想要自杀的时候，遇到了善良的铁匠菲列普·雷米。菲列普虽然是一个小人物，却有着一颗充满爱的心，有着高尚的灵魂。他欣然接受了西蒙的提议——做西蒙的爸爸，唯一的目的就是让西蒙不再受欺负。这份绝非亲人，却胜似亲人的真爱，更加值得我们珍惜。

其实，真爱就围绕在我们身边，只是需要我们静下心来，用心去体会！

# 第四章　真爱围绕在我们身边

## 日不落家

[台湾] 余光中

### 1

一元的旧港币上有一只雄狮，戴冕控球，姿态十分威武。但7月1日以后，香港归还了中国，那只圆球不能号称全球了。伊丽莎白二世在位，已经四十五年，恰与伊丽莎白一世相等。在两位伊丽莎白之间，大英帝国从起建到瓦解，凡历四百余年，与汉代相当。方其全盛，这帝国的属地藩邦、运河军港，遍布了水陆大球，天下四分，独占其一，为历来帝国之所未见，有"日不落国"之称。

而现在，日落帝国，照艳了香港最后这一片晚霞。"日不落国"将成为历史，代之而兴的乃是"日不落家"。

冷战时代过后，国际日趋开放，交流日渐频繁，加以旅游便利，资讯发达，这世界真要变成地球村了。于是同一家人辞乡背井，散落到海角天涯，昼夜颠倒，寒暑对照，便成了"日不落家"。今年我们的四个女儿，两个在北美，两个在西欧，留下我们二老守在岛上。一家而分在五国，你醒我睡，不可同日而语，也成了"日不落家"。

幼女季珊留法五年，先在翁热修法文，后去巴黎读广告设计，点唇画眉，似乎沾上了一些高卢风味。我家英语程度不低，但家人的法语发音，常会遭她纠正。她擅于学人口吻，并佐以滑稽的手势，常逗得母亲和姐姐们开心,轻则解颜,剧则捧腹。可以想见,她的笑话多半取自法国经验,首选的自然是法国男人。马歇·马叟是她的偶像,害得她一度想学默剧。不过她的设计也学得不赖,我译的王尔德喜剧《理想丈夫》,便是她做的封面。现在她住在加拿大,一个人孤悬在温哥华南郊,跟我们的时差是八小时。

　　长女珊珊在堪萨斯修完艺术史后,就一直留在美国,做了长久的纽约客。大都会的艺馆画廊既多,展览又频,正可尽情饱赏。珊珊也没有闲着,远流版两巨册的《现代艺术理论》就是她公余、厨余的译绩。华人画家在东岸出画集,也屡次请她写序。看来我们的"序灾"她也有份了,成了"家患",虽然苦些,却非徒劳。她已经做了母亲,男孩四岁,女孩未满两岁。家教所及:那小男孩一面挥舞恐龙和电动神兵,一面却随口叫出凡·高和蒙娜丽莎的名字,把考古、科技、艺术合而为一,十足一个博闻强记的顽童。四姐妹中珊珊来得最早,在生动的回忆里是破天荒第一声婴啼,一婴开啼,众婴响应,带来了日后八根小辫子飞舞的热闹与繁华。然而这些年来她离开我们也最久,而自己有了孩子之后,也最不容易回台,所以只好安于"日不落家",不便常回"娘家"了。她和幺妹之间隔了一整个美洲大陆,时差,又多了三个小时。

　　凌越森森的大西洋更往东去,五小时的时差,便到了莎士比亚所赞的故乡,"一块宝石镶嵌在银涛之上"。次女幼珊在曼彻斯特大学专攻华兹华斯,正襟危坐,苦读的是诗翁浩繁的全集,逍遥汗漫,优游的也还是诗翁俯仰的湖区。华兹华斯乃英国浪漫诗派的主峰,幼珊在柏克莱写硕士论文,仰攀的是这翠微,十年后径去华氏故乡,

## 第四章　真爱围绕在我们身边

在曼城写博士论文，登临的仍是这雪顶，真可谓从一而终。世上最亲近华氏的女子，当然是他的妹妹桃乐赛（Dorothy wordsworth），其次呢，恐怕就轮到我家的二女儿了。

幼珊留英，将满三年，已经是一口不列颠腔。每逢朋友访英，她义不容辞，总得驾车载客去西北的坎布利亚，一览湖区绝色，简直成了华兹华斯的特勤导游。如此奉献，只怕桃乐赛也无能为力吧。我常劝幼珊在撰正论之余，把她的英国经验，包括湖区的唯美之旅，一一分题写成杂文小品，免得日后"留英"变成"留白"。她却惜墨如金，始终不曾下笔，正如她的幺妹空将法国岁月藏在心中。

幼珊虽然远在英国，今年却不显得怎么孤单，因为三妹佩珊正在比利时研究，见面不难，没有时差。我们的三女儿反应迅速，兴趣广泛，而且"见异思迁"：她拿的三个学位依次是历史学士、广告硕士、行销博士。所以我叫她做"柳三变"。在香港读中文大学的时候，她的钢琴演奏曾经考取八级，一度有意去美国主修音乐；后来又任《星岛日报》的文教记者。所以在餐桌上我常笑语家人："记者面前，说话当心。"

回台以后，佩珊一直在东海的企管系任教，这些年来，更把本行的名著三种译成中文，在"天下"、"远流"出版。今年她去比利时做市场调查，范围兼及荷兰、英国。据我这做父亲的看来，她对消费的兴趣，不但是学术，也是癖好，尤其是对于精品。她的比利时之旅，不但饱览佛朗德斯名画，而且尝遍各种美酒，更远往土耳其，去清真寺（下）仰听尖塔上悠扬的祈祷，想必是十分丰盛的经验。

## 2

　　世界变成了地球村，这感觉，看电视上的气象报告最为具体。台湾太热，温差又小，本地的气象报告不够生动，所以人们爱看外地的冷暖，尤其是够酷的低温。每次播到大陆各地，我总是寻找沈阳和兰州。"哇！零下十二度耶！过瘾啊！"于是一整幅雪景当面捆来，觉得这世界还是多彩多姿的。

　　一家既分五国，气候自然各殊。其实四个女儿都在寒带，最北的曼彻斯特约当北纬五十三度又半，最南的纽约也还有四十一度，都属于高纬了。总而言之，四个女儿所在地点纬差虽达十二度，但气温大同，只得一个"冷"字。其中幼珊最为怕冷，偏偏曼彻斯特严寒欺人，而读不完的华兹华斯又必须久坐苦读，难抵凛冽。对比之下，低纬二十二度半的高雄是暖得多了，即使嚷嚷寒流犯境，也不过等于英国的仲夏之夜，得盖被窝。

　　黄昏，是一日最敏感最容易受伤的时辰，气象报告总是由近而远，终于播到了北美与西欧，把我们的关爱带到高纬，向陌生又亲切的都市聚焦。陌生，因为是寒带。亲切，因为是我们的孩子所在。

　　"温哥华还在零下！"

　　"暴风雪袭击纽约，机场关闭！"

　　"伦敦都这么冷了，曼彻斯特更不得了！"

　　"布鲁塞尔呢，也差不多吧？"

　　坐在热带的凉椅上看国外的气象，我们总这么大惊小怪，并不是因为没有见识过冰雪，或是孩子们还在稚龄，不知保暖，更不是

## 第四章　真爱围绕在我们身边

因为那些国家太简陋，难以御寒。只因为父母老了，念女情深，在记忆的深处，梦的焦点，在见不得光的潜意识底层，女儿的神情笑貌仍似往昔，永远珍藏在娇憨的稚岁，童真的幼龄——所以天冷了，就得为她们加衣，天黑了，就等待她们一一回来，向热腾腾的晚餐，向餐桌顶上金黄的吊灯报到，才能众瓣聚首，众瓣围葩，辐辏成一朵哄闹的向日葵。每当我眷顾往昔，年轻的幸福感就在这一景停格。

人的一生有一个半童年。一个童年在自己小时候，而半个童年在自己孩子的小时候。童年，是人生的神话时代，将信将疑，一半靠父母的零星口述，很难考古。错过了自己的童年，还有第二次机会，那便是自己子女的童年。年轻爸爸的幸福感，大概仅次于年轻妈妈了。在厦门街绿阴深邃的巷子里，我曾是这么一位顾盼自得的年轻爸爸，四个女婴先后裹着奶香的襁褓，投进我喜悦的怀抱。黑白分明，新造的灵瞳灼灼向我转来。定睛在我脸上。不移也不眨，凝神认真地读我，似乎有一点困惑。

"好像不是那个（妈妈）呢，这个（男人）。"她用超语言的混沌意识在说我，而我，更逼近她的脸庞，用超语言的笑容向她示意："我不是别人，是你爸爸，爱你，也许比不上你妈妈那么周到，但不会比她少。"她用超经验的直觉将我的笑容解码，于是学起我来，忽然也笑了。这是父女间第一次相视而笑，像风吹水绽，自成涟漪，却不落言筌，不留痕迹。

为了女婴灵秀可爱，幼稚可哂，我们笑。受了我们笑容的启示，笑声的鼓舞，女婴也笑了。女婴一笑，我们以笑回答。女婴一哭，我们笑得更多。女婴刚会起立，我们用笑勉励。她又跌坐在地，我们用笑安抚。四个女婴像马戏团演员一般相继翻筋斗来投我家，然后是带爬、带跌、带摇、带晃，扑进我们张迎的怀里——她们的童年是我们的"笑季"。

为了逗她们笑，我们做鬼脸。为了教她们呀呀学语，我们自己先儿语呀呀："这是豆豆，那是饼饼，虫虫虫虫飞！"成人之间不屑也不敢的幼稚口吻、离奇动作，我们在孩子面前，得了特权似的，可以完全解放，尽情表演。在孩子的真童年里，我们找到了自己的假童年，像化解乡愁一般再过一次小时候，管它是真是假，是一半还是完全。

快乐的童年是双全的互惠：一方面孩子长大了，孺慕儿时的亲恩；一方面父母老了，眷念子女的儿时。因为父母与稚儿之间的亲情，最原始、最纯粹、最强烈，印象最久也最深沉，虽经万劫亦不可磨灭。坐在电视机前，看气象而念四女，心底浮现的常是她们孩时，仰面伸手，依依求抱的憨态，只因那形象最萦我心。

最萦我心的是第一个长夏，珊珊卧在白纱帐里，任我把摇篮摇来摇去，乌眸灼灼仍对我仰视，窗外一巷的蝉嘶。是幼珊从躺床洞孔倒爬了出来，在地上颤颤昂头像一只小胖兽，令众人大吃一惊，又哄然失笑。是带佩珊去看电影，她水亮的眼珠在暗中转动，闪着银幕的反光，神情那样紧张而专注，小手微汗藏在我的手里。是季珊小时候怕打雷和鞭炮，巨响一迸发就把哭声埋进婆婆的怀里，呜咽久之。

不知道她们的母亲，记忆中是怎样为每一个女孩的初貌取影造型。也许是太密太繁了，不一而足，甚至要远溯到成形以前。不是

## 第四章　真爱围绕在我们身边

形象，而是触觉，是胎里的颠倒蜷伏，手撑脚踢。

当一切追溯到源头，混沌初开，女婴的生命起自父精巧遇到母卵，正是所有爱情故事的雏形。从父体出发长征的，万头攒动，是适者得岸的蝌蚪宝宝，只有幸运的一头被母卵接纳。于是母女同体的十月因缘奇妙地开始。母亲把女婴安顿在子宫，用自身喂她，羊水护她，用脐带的专线跟她神秘地通话，给她暧昧的超安全感，更赋她心跳、脉搏与血型，直到大头蝌蚪变成了大头宝宝，大头朝下，抱臂交股，蜷成一团，准备向生之窄门拥挤顶撞，破母体而出，而且鼓动肺叶，用尚未吃奶的气力，嗓音惊天地而动鬼神，又像对母体告别，又像对母亲报到，洪亮的一声啼哭，"我来了！"

母亲的恩情早在孩子会呼吸以前就开始。所以中国人计算年龄，是从成孕数起。那原始的十个月，虽然眼睛都还未睁开，已经样样向母亲索取，负欠太多。等到降世那天，同命必须分体，更要断然破胎、截然开骨，在剧烈加速的阵痛之中，挣扎着，夺门而出。生日蛋糕之甜，烛火之亮，是用母难之血来偿付的。但生产之大劫不过是母爱的开始，日后母亲的辛勤照顾，从抱到背，从扶到推，从拉拨到提掖，字典上凡是手字部的操劳，哪一样没有做过？《蓼莪》篇说："哀哀父母，生我劬劳。"其实肌肤之亲、操劳之动，母亲远多于父亲。所以《蓼莪》又说："母兮鞠我，拊我畜我，长我育我，顾我复我，出入腹我。欲报之德，昊天罔极？"其中所言，多为母恩。"出入腹我"一句形容母不离子，最为传神，动物之中恐怕只有袋鼠家庭胜过人伦了。

从前是四个女儿常在身边，顾之复之，出入腹之。我妻肌肤白皙，四女多得遗传，所以她们小时我戏呼之为"一窝小白鼠"。在丹佛时，长途旅行，一窝小白鼠全在我家车上，坐满后排。那情景，又像是所有的鸡蛋都放在同一只篮里。我手握驾驶盘，不免倍加小心，但是全家同游，美景共享，却也心满意足。在香港的十年，晚餐桌上热汤蒸腾，灯氛温馨，四只小白鼠加一只大白鼠加我这大老鼠围成一桌，一时六口齐张，美肴争入，妙语争出，叽叽喳喳喧成一片，鼠伦之乐莫过于此。

而现在，一窝小白鼠全散在四方，这样的盛宴久已不再。剩下二老，只能在清冷的晚餐后，借国外的气象报告去揣摩四地的冷暖。中国人把见面打招呼叫做寒暄。我们每晚在电视上真的向四个女儿"寒暄"，非但不是客套，而且寓有真情，因为中国人不惯和家人紧抱热吻，恩情流露，只是淡淡地问暖嘘寒，叮嘱添衣。

往往在气象报告之后，做母亲的一通长途电话，越洋跨洲，就直接拨到暴风雪的那一端，去"寒暄"一番，并且报告高雄家里的现况。例如父亲刚去墨西哥开会，或是下星期要去川大演讲，她也要同行。有时她一夜电话，打遍了西欧北美，耳听四国，把我们这"日不落家"的最新动态收集汇整。

看着做母亲的曳着电线，握着听筒，跟千万里外的女儿短话长说，那全神贯注的姿态，我顿然领悟，这还是母女连心、一线密语的习惯。不过以前是用脐带向体内腹语，而现在，是用电缆向海外传音。

而除了脐带情结之外，她更不断写信，并附寄照片或剪稿，有时还寄包裹，把书籍、衣饰、药品、隐形眼镜等，像后勤支援前线

第四章　真爱围绕在我们身边

一般，源源不绝地向海外供应。类似的补给从未中止，如同最初，母体用胎盘向新生命输送营养和氧气。绵绵的母爱，源源的母爱，唉，永不告竭。

所谓恩情，是爱加上辛苦再乘以时间，所以是有增无减，且因累积而变得深厚。所以《诗经》叹曰："欲报之德，昊天罔极？"

这一切的一切，从珊珊的第一声啼哭以前就开始了。若要彻底，就得追溯到四十五年前，当四个女婴的母亲初遇父亲，神话的封面刚刚揭开，罗曼史正当扉页。到女婴来时，便是美丽的插图了。第一图是父之囊。第二图是母之宫。第三图是育婴床，在内江街的妇产医院。第四图是摇婴篮，把四个女婴依次摇啊摇，没有摇到外婆桥，却摇成了少女，在厦门街深巷的一栋古屋。以后的插图就不用我多讲了。

这一幅插图，看啊，爸爸老了，还对着海峡之夜在灯下写诗。妈妈早入睡了，微闻鼾声。她也许正梦见从前，有一窝小白鼠跟她捉迷藏，躲到后来就走散了，而她太累，一时也追不回来。

## 红木钢琴

[美] 亚士里拉·杰夫

很多年以前，当我还是20多岁的小伙子时，我在路易斯街的一家钢琴公司当销售员，我们通过在全州各小城镇的报上登广告的方式销售钢琴。当我们收到足够的回函时，就驾着装满钢琴的小货车到顾客指定的地方去销售。

每一次我们在棉花镇刊登广告时，都会收到一张写着"请为我的孙女送来一架新的钢琴，必须是红木的。我会用我的蛋钱按月付给你们十块钱"的明信片。可是，我们不可能卖钢琴给每个月只能付十块钱的人，也没有一家银行愿意和收入这么少的人家接触，所以，我们并没有把她寄来的明信片当一回事。

直到有一天，我恰巧到那个寄明信片的老妇人住家附近，我决定到她们家去看看。我发现很多始料未及的事：她住的那间岌岌可危的小木屋位于一片棉花田的中央。木屋的地板很脏，鸡舍也在屋里面，看起来她显然不会有申请信用卡的可能性，她既没有车、电话，也没有工作。她所拥有的只是她头顶上稍显破烂的屋顶。然而在白天，我可以穿过它看到很多地方。她的孙女大约十岁左右，打赤脚，穿着麻布做的洋装。

我向老妇人解释我们无法以每个月偿还十块钱的方式卖给她一部全新的钢琴。但是这似乎没什么用处，她继续每隔六周就寄明信片给我们，一样是求购一部新的红木钢琴，并且发誓她每个月一定会付十块钱给我们。这一切真是诡异。

几年后，我自己开了一家钢琴公司，当我在棉花镇刊登广告时，我又收到那个老妇人寄的明信片，一连好几个月，我都没有去理会它，因为除此之外，我别无他法。

有一天，我恰巧前往那个老妇人住的地区，我的小货车刚好有一架红木钢琴。尽管我知道自己做了一个很不好的决定，我还是亲临她的小屋，并且告诉她我愿意和她订下契约，她可以以每个月付十块钱、免利息、分52次偿还的方式购得她想要的钢琴。我把新钢

## 第四章　真爱围绕在我们身边

琴搬到房子里，并把它放在不会遭雨淋的地方。在我的告诫下，小女孩把屋里养的鸡赶远了一点儿，然后我离开了。当然，我的心情就像刚刚丢了一部新钢琴一般。

老妇人允诺将每个月要付的钱按时寄来，虽然有时候是把三个铜板贴在明信片上付款，可是一如当初所约定的52次，一次也不少。

20年后的某一天，我到曼菲斯洽谈生意，在假日饭店用完晚餐后，我便到饭店中的高级酒吧坐坐。当我坐在吧台上点了一杯餐后酒时，我听到身后传来一阵优美的钢琴声，我转头看到一位可爱的年轻女人，弹着一手非常优美的钢琴。

虽然我也算是一位不错的钢琴手，可是我被她的钢琴声给吸引住了，我拿起酒杯走到她旁边的桌子旁，坐下仔细聆听，她对着我笑，问我想听什么。中场休息时，她过来和我坐在一起。

"你是不是很久以前把钢琴卖给我祖母的那个人？"她问我。

我一时想不起来，请她加以解释。

她开始告诉我，慢慢唤起我的记忆，我的老天啊！她就是那个当年打着赤脚、穿着破烂麻布衣的小女孩！

她告诉我她的名字是艾莉莎，因为她的祖母没钱让她去上钢琴课，所以她只好听收音机学琴。起初，她是在两公里外的教堂里表演，有时候也到学校表演，并且获得许多奖品和音乐奖学金。后来她带着美丽的大钢琴嫁到了曼菲斯。

我记起这件事，然后说："艾莉莎，这里有点儿暗，可以告诉我钢琴是什么颜色的吗？"

珍爱生命　学会感恩

她回答我说："是红木色的。"并且问我，"为什么这样问？"

我一时说不出话，她知道红木钢琴代表的意义吗？她是否知道她祖母不选其他的种类，而坚持要买红木钢琴给她的原因吗？我想她不知道吧！

她是不是理解，为什么那个穿着破烂麻衣的美丽小女孩在未来有这样了不起的才艺？不，我想她也不晓得吧！

然而我知道。只不过当时我的喉咙哽咽得讲不出话来。

最后，我才说道："我只是好奇钢琴的颜色随便问问，我以你为荣，假如你可以体谅我，我要回房去休息了。"

我站起来回房去，因为我不希望我这样一个男人在大庭广众下哭起来。

## 一个孩子的发现

[加拿大] 巴尔特

自从那件意外发生之后，马克才发现，爸爸的爱不是用语言来表达的。

从十二岁那年起，马克的左眼眼眶上就留下了两条深深的伤疤，某种意义上讲，它们标志了他的一段生活的结束——这，还得从马克的爸爸约瑟夫讲起。

约瑟夫和儿子之间似乎总有什么隔阂。每逢星期天下午在邻居家里做客，虽说马克站的地方离爸爸最近，可是仅此而已，他从不

## 第四章 真爱围绕在我们身边

肯把手放在父亲的手臂上。

约瑟夫不像其他父亲那样总逗孩子玩儿，他连刨土、种花用的小铲也没给儿子做过——其他在农场干活的爸爸可是常给自己的孩子做的。平时，就连别人大惊小怪的事，在约瑟夫眼里也不算什么，他的全部心思都在那张犁上了。

一天，约瑟夫看见马克正在西红柿地里埋几粒种子，就走过去问："这是什么种子？"

马克可以回避其他任何人的问题，唯独对自己的父亲，他没有勇气撒谎："是柑橘种子。"他说。

这些种子是马克在圣诞节前特意攒起来的——在新斯科舍省，柑橘并不常见。

"柑橘在这儿长不大！"父亲说道。

马克立刻觉得自己又笨又蠢——每次只要有父亲在身边，无论他在做什么有意思或是不寻常的事情，他都有这种感觉。当时当地，他似乎只能隐藏起真实的自己，而变得像父亲那样不苟言笑。

马克把种子刨出来，种到仓库后一块秘密的地方。

那件意外发生在初夏的一个阴雨连绵的晚上，每逢这种天气，牲畜总爱在牧场上一群一群挤作一团，就好像雕塑一样，这时候连母牛也不会自动回家了。

这天马克在学校里看了一个精彩的故事，满脑子都是一个个离奇的情节，趁妈妈涮碗的功夫，他开始喋喋不休地讲述国王啦、游侠骑士啦以及他们那些令人羡慕的高尚事迹。

爸爸正等着挤牛奶，"时候不早啦，你还不快去把牛找回来！"

他终于发话了——约瑟夫是从不命令儿子做什么事的。

牛！牛！马克心里想着，他正沉浸在幻想里，仿佛看见自己身披豹皮长袍，头戴钻石皇冠，就像个年轻国王一样！

"牛自己能回来吧？"他说，"昨天晚上它们是自己回来的。"（一和爸爸讲话，马克就不能像在学校里那样的自如了。）

"今天这种天气，它们可不会自己回来，"父亲说，"它们会找个避雨的地方，自己'搭窝'的。"

马克只好出去找牛了，不过，他心里是很不情愿的，这点连约瑟夫也看得出来。

马克在牧场门口高声喊着："噢——嚎！噢——嚎！"可是连一点儿牛铃的闪光也看不见；他沿着牧场的小路走到第一处空旷地带，仍然不见牛的踪影；那匹叫彼特拉的马正高耸着脊背站在那儿，眼里满含忧郁地扫视着蒙蒙细雨。马克真不忍心看见彼特拉这副模样。他走过去，用手拍了拍它的臀部，马很不乐意地往旁边一闪——这样的天气，无论是谁碰你一下，你都会觉得浑身上下不自在。

彼特拉是想单独呆着，可马克来不及想那么多，他只是有一种欲望想抚摸它。他摸一下，马就往后躲一下；马克紧跟不放，又摸了一下——马的两只耳朵向后一收——几乎是迅雷不及掩耳地，彼特拉宽宽的黑色腰身向后一跃，紧接着蹄子就朝马克眼睛踢了过来。幸好这匹马没有上掌，不然马克恐怕就没命了。

马克一下子被踢倒了，可是又"唰"地从地上站了起来，一摸脸，满手是血，他惊慌失措地喊叫着朝家里跑去。

## 第四章　真爱围绕在我们身边

约瑟夫在很远的地方就听见了儿子的叫声，赶出门来正望见马克一只手捂着脸朝这边跑来，还没跑到牧场门口，约瑟夫就看见儿子在流血。他三步并作两步地飞奔过去。

约瑟夫来不及卸下门上的横木，就一下子跳了过去——马克从没想到爸爸竟能如此迅捷——他一把将儿子揽在怀里，随即又飞奔回屋里。

邻居们闻讯赶来，一会儿工夫，小屋子里就挤满了人。有这么多人关心自己，马克觉得自豪极了。他想让爸爸把他抱到水井边上去，"不行，约瑟夫，不行，别听他的！"妈妈恳求着，可约瑟夫还是满足了儿子的要求。马克在水里看清了自己的脸——伤口上血迹模糊——他自豪极了，觉得自己就像一个在战场光荣负伤后被抬下来的国王。

爸爸接着又做了些什么，说了些什么，马克已经记不清了，不过，医生来缝合伤口时，大伙把马克抬到了饭厅的桌子上，马克知道，那张桌子是爸爸默默支好了的；医生把马克抱到床上去时，马克知道，高举着氯仿锥形瓶的也是爸爸的手。

医生嘱咐马克在床上躺两个星期，爸爸每天白天来看他一次，晚上睡前再来一次。马克左眼的眼窝越来越深，他总爱拿一面小镜子，仔细欣赏自己的眼睛，可一听到爸爸的脚步声，他就赶忙把镜子藏到被单底下。

马克终于又能出门了，他本打算去散步，可一大清早爸爸二话没说，一把抱起他来就大步流星地走出了屋。

马克顺从地躺在爸爸的臂弯里。这是个普普通通的夏天的晴朗的早晨，可在他眼里，空气从没有今天这样明媚过，一切的一切，都是那样的美好和充满生机。

马克已经意识到，爸爸不是无目的地散步，而是想带他到什么地方去。爸爸抱着他，径直穿过田野，走下山坡，来到他上次埋柑橘种子的那块西红柿地里。

马克远远地就看清了爸爸想给自己看的东西，可是他一句话也说不出来，因为一张嘴，眼泪就要涌出来了。

在那片小园圃旁边，爸爸把马克放到了地上。小园圃的确很小，可是一垄一垄整整齐齐，看得出这不是用犁犁出来的——犁根本刨不了这么精细——这是用耙和铲开垦出来然后又用手仔仔细细修整起来的；绿色的秧苗已经破土而出——爸爸一定是在马克受伤以后不久就开始这项工作了，可他从未对任何人提起过。

"以后这就是你的啦！"爸爸对马克说。

"噢，爸爸，"马克慢慢地说，"可这是……"他蹲下身来仔细端详着，一边用手轻轻抚摸那些在他看来奇形怪状的幼苗，但却说不出这到底是什么种子，只好问道："这是什么呀？"

"是瓜苗，"爸爸说，接着又指指另一垄，"那边的是红胡椒。"

这简直跟种柑橘一样有意思！

"你还不知道吧，它们在这儿是能长大的。"爸爸又说。

马克没有说话，然而脸上显出了又惊又喜的快活神情。爸爸几乎是冲口而出地说道：

"马克，那天我要是知道你会出事，就不会让你去找牛了，你能理解吗？如果它们一滴奶也挤不出来，我才不会那么上心呢！"

## 第四章　真爱围绕在我们身边

马克一阵冲动,答非所问地说道:"那天你看见我受了伤,就直接从牧场的门槛那儿跳过来了,我没看错吧?你连横木也没卸下来,你是横越过来的。"无论是爸爸,还是马克自己,他们都体会出了这段话背后的含义。

爸爸背过脸去,从他肩膀的耸动可以看出:他深深地吸了一口气。

回到家里,姐姐问道:"你们上哪儿去啦?"

不知为什么,马克觉得这是个秘密——一个他和爸爸之间的秘密,"我们出去走了走。"他说。

"对,出去走了走。"爸爸在一旁随声附和着。

从那以后,马克懂得了,以后听到爸爸的脚步声时,他再也不必隐藏起真实的自己了——永远也不必了。

## 母爱没有具体的内容

胥雅月

有个女孩生性胆小,见到毛毛虫也会吓得大喊大叫,更不必说宰鸡杀鸭、走夜路了。然而,有一个人走进女孩的世界里,她奇迹般地胆大起来。女孩婚后两年,度完了3个月的产假,又回到了车间上三班倒。产后第一次上夜班,丈夫怀抱婴儿看着室外漆黑的夜,用商量的口气说:"让孩子一个人在家睡一会儿,我送你上班!"她一口回绝:"不,你照看宝宝,我自己走!"说完旋风似的推着车出门了。午夜，路上行人极少，她骑得飞快，脑中早忘了做姑娘时的胆怯。开门进家时，丈夫惊讶地问："夜这么深了，你怎敢一个人回来啦！""想到要给儿子喂奶，什么也不觉得怕了！"

丈夫出差，他们请了个保姆，一个十八九岁的小姑娘。她需要催乳，就叫小保姆买回只鸡。鸡买回来了，小保姆磨蹭了半天，鸡还扑着翅膀。小保姆哭丧着脸对她说："我从来没杀过鸡！"看着小保姆宰鸡时担惊受怕的样子，她笑了，三下五除二杀了鸡，又把杀好的鸡递到小保姆手中，笑嘻嘻地说："总有一天，你会胆大起来的！"

这个曾经胆小的女孩就是我的妻子。

有一对年轻的农民夫妇，为了让儿子受更好的教育，他们一家搬到乡镇租了一间房子，儿子就读于全镇最好的一所学校。丈夫跟一家装潢公司到外地打杂，妻子则在家洗烧缝补料理家务。然而丈夫挣的钱是有限的，支付儿子学费和家庭开支十分吃力。于是妻子趁儿子上学的时间，摆了小摊卖起蔬菜。一天，妻子发现镇上的人十分爱吃泥螺，于是趁星期天，回老家罱了两麻袋的泥螺，骑着自行车，连夜驮到镇上。第二天一早，她的泥螺卖得很快。她用挣回的钱，特意为儿子订了一份牛奶。儿子喝到鲜牛奶，幼稚地对她说："妈，真好喝，要能天天喝上有多好啊！"她摸着儿子的脑袋，双眼有些湿润了。有一天，她听人说离镇50里外有个村专门罱泥螺供蟹塘用，听说罱到大的全扔掉了，只要小的供蟹吃。于是她专程骑车去打听，果真如此。于是，她向罱泥螺的村民说明了她的想法，村民一口同意。接下来，每天晚上，儿子

## 第四章　真爱围绕在我们身边

做完作业上床熟睡后,她一人悄声离家,骑车到50里外批发泥螺。驮着200斤的泥螺骑回来已是午夜1点多钟,她累得浑身像散了架,可一想到儿子喝牛奶的可爱相,她的倦意顿时化为乌有……

这个年轻的农村妇女就是我的姐姐。

有一个中年农村妇女,她的28岁的儿子去年春天相上了一个对象,她高兴得直掉眼泪。在农村,28岁的青年男子再找不到对象,就意味着日后必定光棍一条,难怪她乐得直掉眼泪。不过女方家也是有条件的,结婚前,必须砌上三间大瓦房,而且房子还要砌在居民点上。原来女方嫌她的房子在村外,不够热闹。她犯愁了,砌三间瓦房的钱,东凑西借还能凑合,可砌到新宅地上,哪来这么多钱呀!虽说这几年儿子在外打工也挣了点钱,可对于迁址建房相差甚远。她苦思冥想了一夜,第二天就为儿子的新房奔波了。

她先找村长,好说歹说,村长出于同情,同意了一块宅地,说是照顾大龄青年。有了宅地,还要填土加高,若是出钱请人至少要4000元,她实在舍不得,更何况,建房要钱,儿子彩礼要钱……

接下来的日子,人们发现她一连4个月独自一人挑泥上船再撑船到新宅地,挑泥上岸填宅地。无论刮风下雨,她从未间断过。宅地填好后,她又忙着找瓦匠动工,又一月有余,在她的操劳下,儿子的新房按女方家人的要求砌成了。

儿子成婚的那天,她忙前顾后照应着,直至累倒在灶台旁。等她醒来后，她躺在儿子的怀中，儿子在大喜的日子一把鼻涕一把眼泪地哭着说："妈，村长告诉我了，我打工在外，您一人为新宅地足足挑了百船泥，一船泥足有200担，一担4锹泥，一担要走50米……"她擦着儿子的泪水，轻声地安慰儿子："今天是你大喜的日子，别哭，妈不是挺过来了嘛！"

这个中年妇女就是我的舅母。

## 购买奇迹

[美] 亚历山大

一个八岁的孩子听到她的父母正在谈论她的小弟弟。她只知道他病得非常厉害，但是，父母没有钱为他医治。他们正准备搬到一所小一点的房子里去住，因为在支付了医药费之后，他们付不起现在的这所房子的房租。现在，只有一个费用昂贵的手术，才能救她的小弟弟的命了。但是，他们借不到钱。

当她听到爸爸绝望地低声对眼中含泪的妈妈说"现在，只有奇迹才能救他了"的时候，这个小女孩回到她的卧室里，把藏在壁橱里的猪形储蓄罐拿出来。她把里面的零钱全部倒在地板上，仔细地数了数。

然后，她把这个宝贵的储蓄罐紧紧地抱在怀里，从后门溜出去，走过六个街区，来到当地的一家药店里。她从她的储蓄罐里拿出一个25美分的硬币，放在玻璃柜台上。

## 第四章 真爱围绕在我们身边

"你想要什么?"药剂师问。"我是来为我的小弟弟买药的,"小女孩回答道:"他病得很厉害,我想为他买一个奇迹。"

"你说什么?"药剂师问。

"他叫安德鲁,他的脑子里长了一个东西,我爸爸说只有奇迹才能救他。那么,一个奇迹需要多少钱?"

"我们这里不卖奇迹,孩子。我很抱歉。"药剂师说,伤心地对小女孩笑了笑。

"听着,我有钱买它。如果这些钱不够,我可以想办法再多弄些钱。只要你告诉我它需要多少钱。"

此时,药店里还有一位衣着考究的顾客。他俯下身,问这个小女孩:"你的弟弟需要什么样的奇迹?"

"我不知道,"她抬起泪眼模糊的双眸看着他,"他病得很重,妈妈说他需要做手术。但是我爸爸付不起手术费,所以我把攒下来的钱全都拿来买奇迹了。"

"你有多少钱?"那人问。

"1美元11美分,不过我还可以想办法多弄到一些钱。"她的声音轻得几乎听不见。

"噢,真是巧极了,"那人微笑着说,"1美元11美分——这正好是为你的小弟弟购买奇迹的钱。"

他一只手接过她的钱,另一只手牵起她的小手。他说:"带我到你家里去。我想看看你的小弟弟,见见你的父母。让我们来看一看我是不是有你需要的那个奇迹。"

那位衣着考究的绅士就是专攻神经外科的外科医生卡尔顿?阿

姆斯特朗。手术完全是免费的。手术后没多久，安德鲁就回家了，很快恢复了健康。

"那个手术，"她的妈妈轻声说，"真是一个奇迹。我想知道它到底能值多少钱？"

小女孩微笑了。她知道这个奇迹的确切价格：一美元11美分，加上一个小孩子的坚定的信念。

坚定的信念能够创造奇迹！

## 生命的药方

[美] 托马斯·沃特曼

德诺十岁那年因为输血不幸染上了艾滋病，伙伴们全都躲着他，只有大他四岁的艾迪依旧像以前一样玩耍。离德诺家的后院不远，有一条通往大海的小河，河边开满了五颜六色的花朵，艾迪告诉德诺，把这些花草熬成汤，说不定能治他的病。

德诺喝了艾迪煮的汤，身体并不见好转，谁也不知道他还能活多久。艾迪的妈妈再也不让艾迪去找德诺了，她怕一家人都染上这可怕的病毒。但这并不能阻止两个孩子的友情。

一个偶然的机会，艾迪在杂志上看见一则消息，说新奥尔良的费医生找到了能治疗艾滋病的植物，这让他兴奋不已。

于是，在一个月明星稀的夜晚，他带着德诺，悄悄地踏上了去新奥尔良的路。他们是沿着那条小河出发的。艾迪用木板和轮胎做

## 第四章　真爱围绕在我们身边

了个很结实的船，他们躺在小船上，听见流水哗哗的声响，看见满天闪烁的星星，艾迪告诉德诺，到了新奥尔良，找到费医生，他就可以像别人一样快乐地生活了。

不知飘了多远，船进水了，孩子们不得不改搭顺路汽车。为了省钱，他们晚上就睡在随身带的帐篷里。德诺咳得很厉害，从家里带的药也快吃完了。这天夜里，德诺冷得直发颤，他用微弱的声音告诉艾迪，他梦见200亿年前的宇宙了，星星的光是那么暗那么黑，他一个人待在那里，找不到回来的路。艾迪把自己的球鞋塞到德诺的手上："以后睡觉，就抱着我的鞋，想想艾迪的臭鞋还在你的手上，艾迪肯定就在附近。"

孩子们身上的钱差不多用完了，可离新奥尔良还有三天三夜的路。德诺的身体越来越弱，艾迪不得不放弃了计划，带着德诺又回到了家乡。不久，德诺就住进了医院。艾迪依旧常常去病房看他，两个好朋友在一起时病房便充满了快乐。他们有时还会合伙玩装死游戏吓医院的护士，看见护士们上当的样子，两个人都忍不住大笑。艾迪给那家杂志写了信，希望他们能帮助找到费医生，结果却杳无音讯。

秋天的一个下午，德诺的妈妈上街去买东西了，艾迪在病房陪着德诺，夕阳照着德诺瘦弱苍白的脸，艾迪问他想不想再玩装死的游戏，德诺点点头。然而这回，德诺却没有在医生为他摸脉时忽然睁开眼笑起来，他真的死了。

那天，艾迪陪着德诺的妈妈回家。两人一路无语，直到分手的时候，艾迪才抽泣着说："我很难过，没能为德诺找到治病的药。"

德诺的妈妈泪如泉涌："不，艾迪，你找到了。"她紧紧地搂着艾迪，"德诺一生最大的病其实是孤独，而你给了他快乐，给了他友情，他一直为有你这个朋友而满足……"

三天后，德诺静静地躺在了长满青草的地下，双手抱着艾迪穿过的那只球鞋。

## 梅老师

汝荣兴

天是突然之间暗下来的，而且暗得仿佛夜晚一下子降临了似的。

其实那时候才下午三点钟，下午第二节课上课的铃声响过不过五分钟。

教室外面的天空一直都是灰蒙蒙的。这些天一直在下雨。据说这些天的雨量，是当地二百年所未曾遇到过的。而此时此刻，随着那天的突然暗下来，远处又传来了呼呼隆隆的声响。那呼呼的显然是风声。可隆隆的却不是雷声，而是——是房屋的倒塌声！

呵，莫不是来了龙卷风?！

猛然意识到这一点的时候，正在组织学生期末考前复习的梅老师，不由得心头一惊又一颤。梅老师深知龙卷风的残忍。在她20岁那年，也是这样的季节，也是这样的一阵声响，不仅把梅老师家的三间瓦房变成了一片废墟，还夺走了梅老师母亲的生命……

于是，梅老师当机立断，立即改口向她的学生们命令道："全体

## 第四章　真爱围绕在我们身边

起立！不准收拾任何东西，马上按座位先后顺序跑出教室！"

　　学生们一时并没有反应过来。大家你看看我，我看看你，不知发生了什么事情。不过，很快的，教室外那越来越响的呼呼又隆隆的声音，以及那"龙卷风来啦！房子要倒啦！"的叫喊声，终于将这些半分钟前还在专心致志地听着课的十二三岁的孩子给惊醒了。于是，怀着恐惧，也怀着那种求生的本能，孩子们慌了，乱了，纷纷哭叫着向教室门口涌去。

　　这时，梅老师不禁也慌了。但她并没有乱。她清楚地知道，孩子们这样争先恐后地涌向门口，最终的结果，只会造成教室这条唯一的出路人为堵塞，从而……啊，太可怕了！梅老师便一大步上前，把守住教室门口，同时，她嘶哑着嗓子，再次向学生们命令道："听着！按次序！谁也不准挤！谁挤谁最后一个出去！"

　　老师犹如军队里的将军。随着梅老师的声音响起，教室里便一下子静了许多，那乱糟糟的局面也得到了控制。孩子们虽然免不了还要你推我，我拥你，可到底谁也不敢使劲往前钻了。那呼呼又隆隆的声音已越来越近，越来越响。学生们一个连着一个，在有秩序地朝教室外撤离着……

　　突然，原本排在教室最里边那个组的一个长得圆头圆脑、很健壮很漂亮的小男孩，似乎有些等不及了，又似乎有着充分的理由，只见他一下窜上前来，很快就钻到了梅老师的腋下，眼看着就能挤出去了。

　　但梅老师一把拉住了一只脚已伸在了门外的男孩子，并狠狠地将他往自己的身后一拽，说："你！你最后一个出去！"

小男孩不禁抬起泪眼望了望梅老师。其他学生这时也都将目光集中到了梅老师的脸上，但梅老师似乎根本没看见这一切，只顾继续用嘶哑的声音喊着："听着！按次序！谁也不准挤！谁挤谁最后一个出去！"

这时，那呼呼的风声已近得差不多可以伸出手摸到了，而那隆隆的房屋倒塌声，几乎就在隔壁响起来了……

终于，45个学生中的第44个，也已经双脚跨出教室的门槛了。于是，梅老师连忙拉过来一直站立在她身后的小男孩，并用力将他往外一推，然后——然后，时间就在这一刻停住了！天地就在这一刻合并了！随着一声闷闷沉沉的巨响，只听见几十个声音在同时呼叫：

"梅老师——"

"小刚——"

梅老师睁开眼睛的时候，已是第二天的下午。

梅老师睁开眼睛的时候，齐刷刷站立在她病床四周的44个孩子，同声叫了起来："妈妈！"

听到这一声呼叫，浑身上下都裹满了绷带的梅老师，不由得伸出抖抖的双手朝四周摸索着，并声音颤颤地寻找着"小刚，我的小刚，你在哪里？"

回答梅老师的，便又是44个孩子那带着哭腔的同声呼叫"妈妈……"

梅老师是妈妈。

妈妈是梅老师。

## 第四章　真爱围绕在我们身边

### 爱的礼服

朱 蕾

那年夏天，我在一间男士礼服店打工。

"叮咚"一声，挂在门上的风铃提醒我来顾客了。我折好书角，向门外看去。只见一位老先生推着轮椅走了进来，轮椅上坐着一位年纪和他相仿的老太太，两人都是那种很精神的北欧老人。老先生戴了一顶渔夫帽，帽子上还别了一根羽毛，有点老顽童调皮的味道。轮椅上的老太太满头的银发梳理得很整齐，她穿了一条连衣裙，一个黑色天鹅绒的滚边小包静静地放在她的腿上。

我迎了上去，笑盈盈地问："两位选礼服吗？"老先生捧着自己圆圆的啤酒肚说："小姑娘，你看什么礼服能装得下我这半个世纪的啤酒肚？"我扑哧一声笑开了，接着说："有，中号就行，大号的您这肚子还嫌小呢。"老先生爽朗地大笑起来，老太太在一旁打趣地说："那你再多喝点啤酒，就可以穿大号的了。"我量好尺寸后，问道："您要参加哪种宴会？参加普通的婚礼，西服就行；六点以前的宴会要用大礼服；六点以后的宴会最好用无尾半正式晚礼服；参加博士毕业典礼要燕尾服；商务宴会的礼服可以随意一些，用晚间便礼服。"老先生把轮椅推到试衣镜旁，找了一个最好的角度让老太太看他试衣服。然后，他转身说："是葬礼，我太太的葬礼。"我立即收起笑容，神色凝重地说："对不起，对您失去太太我感到非常遗憾和难过。"他摆了摆手，一旁的老太太插嘴说："还没死呢，我就是他的太太。"我有些尴尬地"哦"了一声，不知道该说些什么。我还从来没有遇到过这样的情况。我给两位老人各倒了一杯咖啡，老太太感激地接过了咖啡，把杯子送到嘴边。穿过杯子里袅袅升腾的热气，她注视着老先生，嘴边有些怜惜的笑意，说："这么多年，他就没自己买过合适的衣服。你跟他介绍了这么多种礼服，你问问他知不知道参加葬礼该穿哪一种。"老先生眼瞟着四周，又喝着咖啡笑着说："我有一个最好的太太，这些从不用我操心。"我见气氛有些轻松了，手脚才自在起来。我转身去取一套中号的西服，听见老太太对老先生说："医生说最多还有几个月了，也该准备了。"我这才明白了大半。老先生接过话头说："我看那个医生有点蠢，医生说的也不是都准。"这会儿，老太太倒笑了起来，说："不管怎样，买好了我才安心，我可不想在天堂看到你穿着渔夫野营装参加我的葬礼。你还会光着脚，因为找不着袜子！"我转过身，被老太太描绘的情景逗笑了。老先生有些不好意思地笑着，我惊讶于老人对于离世的平静和坦然。老太太对我说："就要黑色的西服配上白色的衬衣，再加上黑色的领带。"我心里赞同地想：老太太配的是标准的葬礼礼服。我配好衣服递给老先生，让他去更衣室试试。

　　见他拿着衣服进去了，老太太对我说："我都七十多了，早晚要去天堂的。我就想把平常做的都给他安排好，怕到时候他一个人不习惯。"我心里一阵难过，不禁想起许多个早晨，在丈夫替我煎蛋、煮咖啡的同时，我在卧室里替他找合适的领带搭配衬衫。如果哪天

## 第四章　真爱围绕在我们身边

我要离去了，我一定要把所有的衬衫领带都事先配好，他才不会一下子不顺手。我的鼻子酸酸的，又想，我是不忍也不能先离去的，他自己都不会打领带，甚至找不出成双的袜子来。我一定要竭尽所能，在人生的路上多陪他一程。

老先生穿好衣服走了出来，他挥动着手上的领带说："谁能帮我系这个东西？"老太太摇摇头笑着说："难道要我把所有的领带都打好吗？"她示意让她来系，老先生弯下腰，俯身在轮椅上，老太太有些颤抖但熟练地打好了领带。我走到一边，好让他们不受干扰，多一些私人空间。镜子里的老先生庄严肃穆，他握着老太太的手，征求着她的意见。老太太说："挺好的，我喜欢，这西服倒让我想起我们结婚的礼服来。我们结婚时你系的是银色的领带，也是我选的。"老先生挺直了腰板，看了看镜子里的自己，又看了看镜子边的妻子，俯身抚着老太太的手，动情地说："我希望这套礼服永远派不上用场！"

付过钱后，老太太向我致谢："上帝保佑你，我的孩子。"我替他们开了门，真诚她对老太太说："祝您健康！"门上的风铃叮咚作响，铃声中老先生推着老太太出了门。我扶着门，看着他们的背影伴着轻声细语渐行渐远，心中不可抑制地涌起对这对老年伴侣的关爱。老了的只是年纪，不是爱情。

许多短小的片段接起了整个人生。可是很多时候，我们不懂得珍惜，认为所有的东西都是理所应当的，总是要到再没机会的时候才猛然惊醒。有人说"幸福被彻悟时，总是太晚而不堪温习了"。请在还不算太晚的时候，珍惜你的每一分钟。

## 恩重如山

鲁先圣

我的好友林就要应加州大学的邀请去做访问学者了。他是我们这些朋友中间唯一获得博士学位的。我去给他送行。在他宽大的客厅里，我们依依惜别时还认真地听了他的一段叙述。没想到，林这些年来奋发努力的源泉，原来是从一个偶然发生的故事开始的。

他的家乡在偏僻的乡村，那里很穷，能吃饱饭的人家就算是殷实之家了。他家里四口人，奶奶、父母和他。奶奶常年有病，父亲身体也不好，家里生活只靠母亲一人支撑。在他八岁那一年，父亲的身体稍稍好一些了，就跟着村里人到一个小煤窑去挖煤。不料，正赶上了小煤窑坍塌，被砸死了。

为了埋葬又借了很多钱，家里的饥荒就更多了。

临近春节了，奶奶躺在床上有气无力，母亲出去一整天卖家里的一垛谷草，没有人买，又拉了回来。这个时候，不要说买肉过年，就连第二天吃的都没有着落。

八岁的他已经懂事了，看着母亲悲苦的神情，他想到自己养了一年的两只小白兔。那是父亲活着的时候花一元钱给他买的。父亲说，你要天天割草喂它，它就会生很多很多小白兔，然后把小白兔卖了当学费，就有钱读书了。这一年多，他天天割草、风雨无阻，小白兔已长成了大白兔，过了年就能够生小白兔了。他经常对奶奶

第四章　真爱围绕在我们身边

和母亲说，我要让它生一院子的小白兔，卖很多的钱，除了上学够用，还要给奶奶治病，买好东西给母亲吃。

他实在是舍不得卖啊。可是，看着病床上的奶奶和无奈的母亲，他咬了咬牙说，把我的小白兔卖了吧，好买肉给奶奶包饺子。

母亲的泪水刷刷地落下来。她知道那是儿子的全部希望和寄托，可是家里实在没有任何东西可以换钱了，总得让婆婆和儿子吃一顿水饺呀。

八岁的他把两只小白兔装进背篓后就到集市上去了。

他蹲在街口，两只手抓着小白兔的两只耳朵，向过往的行人喊：谁买小白兔？

喊了多少遍，过了多长时间，他记不清了。

到了中午时，一个穿制服的人在他面前停了下来。他问他为什么卖小白兔，家里的大人为什么让他一个孩子来卖。他一五一十地全说了，从父亲给他买小白兔，到他养小白兔，还有他的希望和憧憬。

他记得那人听后沉思了很久，而后掏出五元钱，又从上衣口袋里拿出一支钢笔给他，说："小白兔不要卖了，还要养着将来上学用，这支钢笔送给你写字。"然后，那人帮助他把小白兔装进背篓，让他赶快回家去。

五元钱对于当时的他家来说，过了一个很富裕的年，买了肉，买了白面，还有鱼。

第二年春天，他的大白兔一次生了六只小白兔，兔的规模一下子到了八只，后来最多的到了 30 多只。他一年当中卖小白兔能有几十元的收益，足够他上学用的，还能贴补家用。

博士告诉我，他之所以能读大学，正是这些小白兔的功劳。

于是，几十年来，他一直都在寻找那位帮助过他的人。他说，也许那个好心人早就忘记了那样一件小事，他也许永远都不知他的那一次举手之劳，对于当时的那个孩子却是恩重如山。

我对林说，我们可能永远也找不到那个人了，但我们有更好的办法可以了却心愿，让我们在自己的生活中，经常做这样五元钱和一支钢笔的事情。

林已经远赴加州。我相信林早已把这个美好的故事讲给了他来自世界各地的学生，而我也一直为这个故事感动着。

## 西蒙的爸爸

[法] 莫泊桑

十二点的钟声刚刚敲过，学校的大门就开了，孩子们争先恐后，你推我挤地涌出来。可是，他们不像平日那样很快散开，回家去吃中饭，却在离校门几步远的地方站住，三五成群地低声谈论。

原来是这天早上，布朗肖特大姐的儿子西蒙第一次到学校里来上课了。

他们在家里都听人谈论过布朗肖特大姐。虽然在公开的场合大家表示很欢迎她，可是那些做母亲的和仆人却对她抱着一种同情里带点轻蔑的态度；这种态度也影响了孩子，不过他们并不明白究竟为的是什么。

西蒙呢，他们不认识他，因为他从来不出来，也没有跟他们在村里的街道上或者河边上玩过。因此，他们谈不上喜欢他；他们怀着愉快里掺杂着相当惊奇的心情，听完了又互相转告一个十四五岁的大孩子说的这句话：

"你们知道……西蒙……嘿嘿，他没有爸爸。"

瞧他那副眨着眼睛的狡猾神气，仿佛他知道的事情还不止这一点呢。

布朗肖特大姐的儿子也在校门口出现了。

他约莫七八岁，面色有点苍白，身上挺干净，态度羞怯得几乎显得不自然。

他正准备回家去。这当儿，一群群还在交头接耳的同学，用孩子们想弄恶作剧时才有的那种狡猾残忍的眼光望着他，慢慢地跟上来，把他围住。他惊奇而又不安地站在他们中间，不明白他们要干什么。那个报告消息的大孩子一看自己的话已经发生了作用，就神气十足地问他：

"你叫什么？"

他回答："西蒙。"

"西蒙什么呀？"对方又问。

这孩子慌慌张张地又说了一遍："西蒙。"

大孩子冲着他嚷嚷起来："西蒙后面还得有点东西，光是西蒙，……这不是一个姓。"

他差点哭出来，第三次回答：

"我就叫西蒙。"

淘气的孩子们都笑了。那个大孩子越发得意,提高了嗓门说:"你们都看见了吧,他没有爸爸。"

一阵寂静。一个小孩居然没有爸爸,这真是一件稀奇古怪、不可能的事孩子们听了一个个都呆住了。他们把他看成了一个怪物,一个违反自然的人;他们感到,他们母亲对布朗肖特大姐的那种莫名其妙的轻蔑也在他们心里增加了。

西蒙呢,他赶紧倚在一棵树上,才算没有跌倒;仿佛有一桩无法弥补的灾难一下子落在他头上。他想替自己辩解,可是他想不出话来回答,来驳倒他没有爸爸这个可怕的事实。他脸色惨白,最后不顾一切地嚷道:"我有,我也有一个爸爸。"

"他在哪儿?"大孩子问。

西蒙答不上来,因为他也不知道。孩子们很兴奋,嘻嘻哈哈笑着。这伙跟禽兽差不了多少的乡下孩子突然间起了一种残忍的欲望;也就是在这种欲望的驱使下,同一个鸡窝里的母鸡,发现它们中间有一只受了伤的时候,就立刻扑过去结果它的性命。西蒙忽然发现一个守寡的邻居女人的孩子。西蒙一直看见他像自己一样,孤零零跟着母亲过日子。

"你也没有爸爸,"西蒙说。

"你胡说,"对方回答,"我有。"

"他在哪儿?"西蒙追问了一句。

"他死了,"那个孩子骄傲万分地说,"我爸爸躺在坟地里。"

这伙小淘气鬼纷纷叫起好来。倒好像爸爸躺在坟地里的这个事

## 第四章　真爱围绕在我们身边

实抬高了他们的一个同学，贬低了那没有爸爸的另一个似的。这些小家伙的父亲大多数是坏蛋、酒徒、小偷，并且是虐待妻子的人。他们你推我搡，越挤越紧，仿佛他们这些合法的儿子想把这个不合法的儿子一下子挤死似的。

有一个站在西蒙对面的孩子，突然阴险地朝他伸了伸舌头，大声说：

"没有爸爸，没有爸爸。"

西蒙双手揪住他的头发，乱咬他的脸，还不停地踢他的腿。一场恶斗开始了。等到两个打架的被拉开，西蒙已经挨了打，衣服撕破，身上一块青一块红，倒在地上那些小无赖围着他拍手喝彩。他站起来，随手掸了掸小罩衫上的尘土，这当儿有人向他喊道：

"去告诉你爸爸好了。"

这一下他觉得什么都完了。他们比他强大，他们把他打倒了，可是他没法报复他们，因为他知道自己真的没有爸爸。他想忍住往上涌的眼泪，可是才几秒钟，他就觉得憋得透不过气来，不由得悄悄地抽噎，抽噎得浑身不停抖动。

敌人中间爆发出一片残忍的笑声。像在可怕的狂欢中的野人一样，他们很自然地牵起手来，围着他一边跳，一边像唱叠句似的一遍遍地叫。"没有爸爸，没有爸爸！"

可是西蒙忽然不哭了。他气得发了狂，正好脚底下有几块石头，他拾起来，使劲朝折磨他的那些人扔过去。有两三个挨到了石头，哇哇叫着逃走。他那副神情非常怕人，孩子们都慌了。像人们在一个情急拼命的人面前，总要变成胆小鬼一样，他们吓得四散奔逃。

现在只剩下这个没有爸爸的小家伙一个人了,他撒开腿朝四野里奔去,因为他想起了一件事,于是下了一个很大的决心。他想投河自杀。

他想起的是一个礼拜以前,有一个靠讨饭过日子的穷鬼,因为没有钱,投了河。捞起来的时候,西蒙正好在旁边;这个不幸的人,西蒙平时总觉得他怪可怜的,又脏又丑,可是当时却脸色苍白,长胡子湿淋淋的,眼睛安详地睁着。那副宁静的神情颇引起了他的注意。围着的人说:"他死了。"又有人补了一句:"现在他可幸福啦。"西蒙也想投河,因为正像那个可怜虫没有钱一样,他没有爸爸。

他来到河边,望着流水。几条鱼儿在清澈的河水里追逐嬉戏,偶然轻轻地一跃,叼住从水面上飞过的苍蝇。他看着看着,连哭也忘了,因为狡诈的鱼儿引起他很大的兴趣。然而,正如风暴暂时平静了,还会突然有阵阵的狂风把树木刮得哗哗乱响,然后又消失在天边一样,"我要投河,我没有爸爸,"这个念头还不时地挟着强烈的痛苦涌回他的心头。

天气很热,也很舒适。和煦的太阳晒着青草。河水像镜子似的发亮。西蒙感到几分钟的幸福和淌过眼泪以后的那种困倦,恨不得躺在阳光下面的草地上睡一会儿。

一只绿色的小青蛙从他脚底下跳出来。他想捉住它,可是它逃走了。他追它,一连捉了三次都没有捉到。最后他总算抓住了它的两条后腿;看见这个小动物挣扎着想逃走的神气,他笑了出来。它缩拢大腿,使劲一蹬,两腿猛然挺直,硬得像两根棍子;围着一圈

## 第四章　真爱围绕在我们身边

金线的眼睛瞪得满圆。前腿像两只手一样地舞动。这叫他想起了一种用狭长的小木片交叉钉成的玩具，就是用相同的动作来操纵钉在上面的小兵的操练。随后，他想到了家，想到了母亲，非常难过，不由得又哭起来。他浑身打颤，跪下来，像临睡前那样做祷告。但是他没法做完，因为他抽抽搭搭哭得那么急，那么厉害，完全不能左右自己了。他什么也不想，什么也不看，只是一个劲儿地哭。

突然一只沉重的手按在他肩上，一个粗壮的声音问他："什么事叫你这么伤心呀，朋友？"

西蒙回过头来。一个蓄着胡子、长着一头黑鬈发的高个儿工人和蔼地看着他。他眼睛里、嗓子里满是泪水，回答：

"他们打我……因为……我……我……没有爸爸……没有爸爸。"

"怎么，"那人微笑着说，"可是人人都有爸爸呀。"

孩子在一阵阵的哀痛中，困难地回答："我……我……我没有。"

工人的脸色变得严肃起来，他认出了这是布朗肖特大姐的孩子；虽然他到当地不久，可是他已经模模糊糊地知道了一些她的过去。

"好啦，"他说，"别难过了，我的孩子，跟我一块去找妈妈吧。你会有……会有一个爸爸的。"

他们走了，大人搀着小孩的手。那人的脸上又露出了笑容，因为去见见这个布朗肖特大姐，他并不觉得讨厌。

他们来到一所挺干净的白色小房子前面。

"到啦，"孩子说完，又叫了一声："妈妈！"

一个女人走了出来。工人立刻收住笑容，因为他一看就明白，跟这个脸色苍白的高个儿姑娘，是再也不许开玩笑的了。她严肃地

立在门口,他神色慌张,捏着鸭舌帽,吞吞吐吐地说:

"瞧。太太,我给您把孩子送来了,他在河边上迷了路。"

可是西蒙楼住母亲的脖子,说着说着又哭起来了:

"不,妈妈,我想投河,因为别人打我……打我……因为我没有爸爸。"

年轻女人双颊烧得通红,心里好像刀绞,她紧紧抱住孩子,眼泪扑簌簌往下淌。工人站在那儿,很感动,不知道怎样走开才好。可是,西蒙突然跑过来,对他说:

"您愿意做我的爸爸吗?"

一阵寂静。布朗肖特大姐倚着墙,双手按住胸口,默默地忍受着羞耻的折磨。孩子看见那人不回答,又说:

"您要是不愿意,我就再去投河。"

那工人把这件事当做玩笑,微笑着回答:

"当然喽,我很愿意。"

"您叫什么?"孩子接着问,"别人再问起您的名字,我就可以告诉他们了。"

"菲列普。"那人回答。

西蒙沉默了一会儿,把这个名字牢牢记在心里,然后伸出双臂,无限快慰地说:

"好!菲列普,您是我的爸爸啦。"

工人把他抱起来,突然在他双颊上吻了两下,很快地跨着大步溜走了。

第二天,这孩子到了学校,迎接他的是一片恶毒的笑声;放学

## 第四章　真爱围绕在我们身边

以后，那个大孩子又想重新开始，可是他像扔石子似的，冲着他的脸把话扔了过去："我爸爸叫菲列普。"

周围响起了一片高兴的喊叫声：

"菲列普谁？……菲列普什么？……菲列普是什么东西？……你这个菲列普是打哪儿弄来的？"

西蒙没有回答：他怀着不可动摇的信心，用挑衅的眼光望着他们，宁愿被折磨死，也不愿在他们面前逃走。校长出来替他解了围，他才回到母亲那儿去。

一连三个月，高个儿工人菲列普常常在布朗肖特大姐家附近走过，有几次看见她在窗口缝衣裳，他鼓足了勇气走过去找她谈话。她客客气气地回答，不过始终很严肃，从来没对他笑过，也不让他跨进她的家。然而，男人都有点自命不凡，他总觉得她跟他谈话的时候，脸比平时更红。

可是，名誉一旦败坏了，往往很难恢复，即使恢复了也是那么脆弱，所以布朗肖特大姐虽然处处小心谨慎，然而当地已经有人在说闲话了。

西蒙呢，非常爱他的新爸爸，几乎每天晚上都要在他一天工作结束以后，和他一同散步。他天天到学校去，在同学中间傲然独立，总也不理睬他们。

谁知有一天，带头攻击他的那个大孩子对他说：

"你撒谎，你没有一个叫菲列普的爸爸。"

"为什么没有？"西蒙激动地问。

大孩子搓搓手，说：

"因为你要是有的话，他就应该是你妈的丈夫。"

在这个正当的理由面前，西蒙虽然窘住了，可是他还是回答："他反正是我的爸爸。"

"这也可能，"大孩子冷笑着说，"不过，他不完全是你的爸爸。"

布朗肖特大姐的儿子垂下头，心事重重地朝洛阿松老大爷开的铁匠铺走去。菲列普就在那儿干活儿。

铁匠铺仿佛埋藏在树丛里。铺子里很暗，只有一只大炉子里的红火一闪一闪，照着五个赤着胳膊的铁匠，叮当叮当地在铁砧上打铁。他们好像站在火里的魔鬼似的，两只眼睛紧盯着捶打的红铁块。他们的迟钝的思想也在随着铁锤一起一落。

西蒙走进去的时候，谁也没有注意；他悄悄走过去拉了拉他的朋友的袖子。他的朋友回过头来。活儿顿时停下来，所有的人都很注意地瞧着。接着，在这一阵不常有的静寂中，响起了西蒙尖细的嗓音：

"喂，菲列普，刚才米舒德大婶的儿子对我说，您不完全是我的爸爸。"

"为什么？"工人问。

孩子天真地回答：

"因为您不是我妈的丈夫。"

谁也没有笑。菲列普一动不动地站着，两只大手扶着直立在铁砧上的锤柄，额头靠在手背上。他在沉思。他的四个伙伴望着他。西蒙在这些巨人中间，显得非常小，他心焦地等着。突然有一个铁

## 第四章 真爱围绕在我们身边

匠对菲列普说出了大家的心意：

"不管怎么说，布朗肖特大姐是个善良规矩的好姑娘，虽然遭到过不幸，可是她勤劳、稳重。一个正直人娶了她，准是个挺不错的媳妇。"

"这倒是实在话，"另外三个人说。

那个工人继续说：

"如果说这位姑娘失足过，难道这是她的错处吗？别人原答应娶她的；我就知道有好些如今非常受人敬重的女人，从前也做过跟她一样的事情。"

"这倒是实在话，"三个人齐声回答。

他又接着说下去："这个可怜的女人一个人把孩子抚养大，吃了多少苦，从那以后，除了上教堂之外，从来不出大门，这些日子里她又流了多少眼泪，那只有天主知道了。"

"这也是实在话，"其余的人说。

接下来，除了风箱呼哧呼哧扇动炉火的声音以外，什么也听不到了。菲列普突然俯下腰，对西蒙说：

"去跟你妈说，今儿晚上我要去找她谈谈。"

他推着孩子肩膀把他送出去。

接着他又回来干活儿，猛然间，五把铁锤同时落在铁砧上。他们就这样打铁一直打到天黑，一个个都像劲头十足的铁锤一样结实、有力、痛快。但是，正如大教堂的巨钟在节日里敲得比别的教堂的钟更响一样，菲列普的铁锤声也盖住了其余人的锤声，他一秒钟也不停地捶下去，把人的耳朵都给震聋了。他站在四溅的火星中，眼睛里闪着光芒，热情地打着铁。

他来到布朗肖特大姐家敲门的时候，已经是满天星斗了。他穿着节日穿的罩衫和干净的衬衣，胡子修剪得很整齐。年轻女人来到门口，很为难地说："菲列普先生，像这样天黑了到这儿来，是不大合适的。"

他想回答，可是他望着她，结结巴巴地不知说什么好了。

她又说，"不过，您一定了解，不应该让人家再谈论我了。"

这时，他突然说：

"只要您愿意做我的妻子，那又有什么关系呢！"

没有回答，不过他相信听到有人在阴暗的房间里倒下去。他连忙走进去；已经睡在床上的西蒙听到了他母亲低声说出来的几句话。接着，他突然被他的朋友抱起来。他的朋友用一双巨人般的胳膊举着他，大声对他说：

"你可以告诉你的同学们，你的爸爸是铁匠菲列普·雷米，谁要是再欺侮你，他就要拧谁的耳朵。"

第二天，学生们都来到了学校。快要上课的时候，小西蒙站起来，脸色苍白，嘴皮打着颤，用响亮的声音说："我的爸爸是铁匠菲列普·雷米，他说谁要是再欺侮我，他就要拧谁的耳朵。"

这一次再没有人笑了，因为大家都认识这个铁匠菲列普·雷米，有像他这样的一个爸爸，不管谁都会感到骄傲的。

# 第五章 感谢他人给予的一缕阳光

感恩是一个非常简单的词汇。粗略解释无非有两种含义：感受到别人的恩情；或者，因为感受到恩情，所以产生了感谢或者感激之情。

在我们成长的过程中，有许多值得感激的人和事、情和景，比如给予我们生命，抚育我们成长的父母是值得我们感恩的人，给予我们知识，谆谆教诲的老师是值得我们感谢的人，关爱我们的朋友是值得感激之人，还有素不相识，却给过我们帮助的人……但是现实中，这些浅显的道理总有一些人不懂，他们在理所当然地享受着这一切的同时，却常常缺少了一颗感恩的心。

感恩，有时候就像一场永远也不会间断的接力赛。接棒的人是幸福的，而递棒的人更是乐在其中。一种行为，多人受益！唯有每个人都愿意成为递棒的下一个人，那么每个人都能成为心中充满爱的人，这个世界也将是一个充满爱的世界。

《孝心无尘》：心怀感恩，时刻记着回报父母，关怀父母，就像小时候被他们关爱一样，不要等到成家立业后才想起他们，这只会留下大半辈子的愧疚和悔恨。故事中的"我"从千里之外带回两块点心给母亲，用报纸里三层外三层地包好，虽然母亲最终没有吃到这两块点心，因为时间太久已经发霉，但是母亲却有着十二分的满足，因为这是"我"从数千里之外特意捎回来的一颗滚烫而鲜活的孝心！

《送给妈妈一副皮手套》："孩子小的时候，我们时时想着他们，含在嘴里怕化了，捧在手上怕冻着，我们舍不得吃，舍不得穿，给他吃最好的，穿最体面的。他们长大了，自己会照顾自己了，就把爹妈给忘了。"这或许已成为现在的父母们想对孩子说的一句最真实的话。其实，人人都需要爱，需要被关怀，父母也不例外，只是他们把这份渴望深深地埋在心里而已。不要等到父母的手由白皙变为粗糙，才想起他们的辛苦。不要等到音乐响起"常回家看看"，才想家中的父母。

《爱中天堂》：友情的可贵之处就在于，它不是锦上添花，而是雪中送炭。我们的生活中其实有很多这样的朋友，他们就像一把拐杖，总是在我们走入泥泞道路的时候，第一时间出现在我们手中。故事中的小男孩为了给自己的小伙伴上学的快乐，历经风霜雪雨，在那条上学的路上铺满了厚厚的友谊石子。当小男孩身患重病时，小伙伴又向他伸出援助之手。二人用行动给我们做出了关于友情的最好答案。

《祝你生日快乐》：当我们感到无奈与无助的时候，朋友的一个电话、一条短信、一封邮件、一声问候，都像是黑夜里的明灯，又如前行中的锣鼓，给我们以莫大的安慰和不息的力量。故事中的约翰是班级里一个没有人愿意理睬的差生，但是"我"却走近了他，"我"发现，约翰是个有着很多优点的男孩。一次，"我"和母亲给

## 第五章　感谢他人给予的一缕阳光

约翰过了一个特别的生日,这让我们每个人心中都充满了无比的快乐。现实中的我们,是否也会像小主人公那样给予朋友一缕阳光呢?

《少年的拥抱》:小鸟感谢天空,是因为天空给了它飞翔的自由;小草感谢大地,是因为大地给了它肥沃的土壤;我们感谢老师,是因为老师给了我们成长的关怀。十年前,母亲节茶话会上,吉米的母亲不能来,老师让他帮忙照顾自己的母亲,借以来安慰他。这在老师眼里是一件很小的事,却在吉米心中留下了深刻的记忆。十年过去了,当师生再次相遇时,吉米给了老师一个热烈的拥抱。一个拥抱看似简单,却凝聚了吉米对老师无限的感激。

《一次喝彩,改变了他的一生》:在你身边也许会有这样一种人,没有你聪明,没有你漂亮,学习成绩也没有你好。总之,各方面都不如你。面对这样的人,你的态度又是如何呢?是嘲讽?还是鼓励?故事中的默菲老师面对有严重学习障碍的爱泼斯坦,并没有严加训斥,而是给予了鼓励和喝彩。这样一次小小的喝彩,甚至改变了爱泼斯坦的一生。善待他人的方式有很多种,也许是一个微笑,也许是一个拥抱,也许是一次喝彩。别忘了,你的喝彩会使这个世界变得更加亮丽。

《祖母的玫瑰花》:常怀感恩之心,我们便更加感谢那些有恩于我们,却不求回报的每一个陌生人。"祖母"是一位生命即将陨落、思维混沌的老人,对生命的感恩之心和对别人的关爱之心却依然活跃。"祖母"将玫瑰花送给一位已对生活绝望的陌生女子,并且用真诚的话语来开导她,使她重新燃起了对生命的希望。正因为有了像"祖母"那样的人,我们才会愿意给予他人更多的帮助和鼓励,对落难或绝处求生的人们给予爱心，伸出援助之手，而且不图回报……

《为他人默默许愿》：小时候，看到潘姥姥吃糕的时候把红枣抠出来，"我"就默默许愿，等"我"长大赚钱了，就给潘姥姥装上满口假牙；看到女老师因为失恋而没有了笑容，"我"便默默许愿，长大了，一定爱她、娶她；中学毕业时，一个同学说自己的理想是将来想当舞蹈家，但他是个罗圈腿，于是"我"便在心里默默为他许愿……自己的许愿虽然未必都能实现，但只要心中有一棵爱芽，这芽便能化为一种基因，传递到新的生命中。

做人不要忘记给予他人快乐，因为给予的同时自己也快乐。正所谓送人玫瑰，手留余香。要永怀感恩之心，常表感激之情，做一个感情丰富的人，人生也就会充实而快乐。

# 第五章　感谢他人给予的一缕阳光

## 孝心无尘

钱国宏

这个故事发生时我还在读小学四年级。

那年暑假，父亲领我去徐州的老叔家走亲戚。老叔在一家挺大的机关里当翻译，整天是外语说得多，中国话说得少，在外的时间多，在家的时间少。我和父亲在老叔家一共呆了三天，老婶和孩子们陪了三天，老叔却只陪了我们一个晚上。

那天晚上恰好是我们启程返乡的前一天晚上。老叔结束完他的所谓"外事活动"，便兴高采烈地拎着一包点心——俄罗斯产的（当时还叫苏联）点心回到家中。

老婶打开了花花绿绿的点心盒，一大堆圆圆方方、奇形怪状的点心呈现在我们眼前。父亲无动于衷，视若未睹，老叔家的三个孩子倒像出笼的小鸟一样扑了过去。老婶给我们一人分了四块点心。

说实话，那个年月能吃到点心的孩子不多，农家院里的孩子就更是寥寥无几了。

嚼着酥脆、香甜的点心我突然想起了数千里之外的妈妈。妈妈此时此刻也许正在场院中忙活着剥包米，有许多包米绒子正贴在她的头发上和脸上；也许妈妈此时此刻正在厨房里借着昏黄的灯光，在给牲口铡草；也许……"我应该让妈妈也尝一尝外国的点心是啥滋味！"这个念头"冒"出来后，我就偷偷地藏起来两块点心，当场只吃了两块。

第二天临走前，我用报纸里三层外三层地把点心包好，生怕丢了或者挤碎了。在火车上，我还特意把那两块点心放在旅行包的中间部位，这一切当然没能逃过父亲的眼睛。

那年月火车特别慢，在北京倒了一次车，才算到家。到家我自然兴奋得近乎张狂，拽过哥哥姐姐，不管爱听不爱听，就大讲特讲在外面的所见所闻。"世面"抖完之后，才猛然想起那两块点心。待我急三火四地打开包裹、打开报纸时，才发现，点心上已长出了点点霉斑，令人讨厌的绿色霉斑！

我把带霉斑的点心递给了母亲。心里不知是委屈还是失望，总之眼里是潮乎乎的……

多年以后，已为人父的大哥每每谈及此事时，都有这样的感慨：孝心无尘啊！

是啊，小小的我当年的做法未免是有点考虑不周，但整个行为没有错。我不认为——至今也如此——母亲没有吃到我带回的点心，我有多么遗憾，相反，母亲觉得十二分的满足！因为她的儿子从数千里之外特意捎回来的分明是一颗滚烫而鲜活的孝心！人生有此境遇，作为年长者，何憾之有？

## 送给妈妈一副皮手套

荣 星

在这一刻我恍若走过了几十年，刹那间，我明白了亲情的伟大，幸福的暖流在心头回旋着，原来，人生的幸福就来自于细微之处。

一年冬天，我和妻一块儿回农村老家看望父母，回来的路上，

## 第五章　感谢他人给予的一缕阳光

妻对我说:"妈妈的手都冻裂了,回城后,你给她买副我洗碗时戴的那种皮手套,冬天戴着手套干家务活儿可能会好些。"

我老家在农村,为了支持我和弟弟上学,家里除了种六七亩责任田还养了猪、羊、兔等家畜。由于成年累月地劳动,母亲的手被磨出一层厚厚的茧子。一到冬天,母亲每天都要在院子里煮满满一大锅的猪食喂猪,第一顿时猪食还是热的,而喂到第二顿、第三顿时,猪食早已冻得结成了块儿。每每这时母亲便用手一点点将猪食捻碎,这样才能掺进其他草料。几桶猪食捻下来,母亲的手早已冻得冰冷了,所以每到冬天她的手都会冻出一道道血口子。

第二天,没多想我便去了一家日用品商店。里面的顾客几乎全是女士,我这个异性进去后给人一种很刺目的感觉。

"您需要什么东西?"一个售货员看我进去后东张西望,便主动与我打招呼。我是第一次进这家商店,不知道卖手套的在哪个柜台。

"我买一副皮手套,"我详细地向她描述了我需要的那种手套。

"是买了给妻子刷碗时戴的吧?"她边和我搭讪边蹲在柜台下面寻找。

"不,我是买了送给妈妈的。"我如实回答。

"送给妈妈?唉,这年头能想起来给妈妈买点儿东西的人不多了,您一位先生竟然细心到想给妈妈买副手套,真是难得!"她啧啧赞叹。蹲着找了一会儿,她站了起来一脸歉意地说:"实在不好意思,我这里没有了,看在您这孝心的份儿上,我给您问问其他柜台有没有。"她笑着耸了耸肩。

"唉,你那里有没有皮手套,这位先生想给自己的妈妈买一副皮手套。"她大声地朝对面柜台的小姐喊道。

她的话引起了周围人的注意,人们齐刷刷地把目光转到了我身上,看得我脸直发烫。从来没有见过这种阵势,我有些不好意思。

"你给妈妈买手套?"一位中年妇女一脸狐疑地问。

"是的,我给我在农村的妈妈买副皮手套,农村没有暖气,水很凉,她经常干家务活,手都裂了。"我答道。

令我意想不到的是,周围的人竟不谋而合地举起了手,爆发出一阵掌声。

"一些年轻人,尤其是年轻先生都是忙于事业,很少见有亲自来买手套的,就是来买也是给妻子的,却鲜见这么细心地关心自己妈妈的。我今天晚上也给我妈买一副送给她,她一定会很高兴的。"一位售货员小姐感慨地说。

"是啊,"一位老太太抬起自己的手,"我的手也裂了,我那些孩子要有你这份儿孝心就好了!孩子小的时候,我们时时想着他们,含在嘴里怕化了,捧在手上怕冻着,我们舍不得吃,舍不得穿,给他们吃最好的,穿最体面的。他们长大了,自己会照顾自己了,就把爹妈忘了。"她说的时候略带伤感。

我走到对面的柜台前,接过了售货员小姐递给我的手套,感觉到这不是一件普普通通的商品。

"我也买一副,我很长时间没去看看妈妈了,天这么冷,我以前怎么没有想到买副手套送给她呢。"一位小姐愧疚地说。

这时几个人围上前来,"我也买一副……""给我也拿一副……"人们争先恐后地交着钱。

## 第五章　感谢他人给予的一缕阳光

挤出人群，我长舒了一口气。在这一刻我恍若走过了几十年，刹那间，我明白了亲情的伟大，幸福的暖流在心头回旋着，原来，人生的幸福就来自于细微之处。

第二天，那家商店门口挂上了"天冷了，送给妈妈一副皮手套"的牌子。

听说那个冬天，那家商店的手套卖得特别火。

## 爱中有天堂

崔　浩

两个小男孩是最好的小伙伴。在欢乐的童年时光，他们一起唱着歌长大。后来，两个人读同一所小学，仍然形影不离。

那天是个很普通的日子，他照样去找小伙伴一起上学，却发现小伙伴家家门紧闭，空无一人。听邻居说，小伙伴得了一种病，已被家人送到了医院。他二话没说背起书包就往医院跑，一直跑到筋疲力尽，他终于看到了躺在床上的小伙伴。小伙伴全身虚肿，痛苦不已。他问小伙伴还上不上学去，回答他的是不知所措的哭声。

他一个人去了学校。失去了小伙伴的他开始变得有些闷闷不乐。小伙伴患的是一种无法直立行走的病。他幼小的心灵并不太懂得忧伤，只是替小伙伴感到惋惜和难过，小伙伴不能走路而且失去上学的机会，他该有多么伤心。

珍爱生命　学会感恩

他终于做出了一个决定：每天背着小伙伴上学跟放学回家。只为了和小伙伴在一起的欢乐，只为了小伙伴能够上学。父母反对，因为怕他承担不起，他们也担心影响他的学习和生活。只有小伙伴高兴，两颗童心的碰撞简单而且纯粹，少了世俗与顾虑。

他开始背着小伙伴迎来日出，送走晚霞。为了小伙伴上学，他必须绕远路去小伙伴家中接他上学。他拒绝了所有同学的帮助，用他瘦弱的身躯去背负因为患病而肥胖许多的小伙伴。小伙伴也拒绝让别的同学背，因为小伙伴认为只有他背更安全更值得信赖。

从小学到初中，无论风霜雪雨，他从未间断接送小伙伴的任务。他从来都认为他在做一件很普通的事，几年里的路程，洒落多少汗水，他从未想过要求小伙伴家中为他做些什么，而小伙伴也从未向他表示过感谢，并且一如既往地做他最要好的朋友。

然而有一天，他得了白血病，急需许多钱和大量血液。小伙伴的父母起初也送了一些钱到他家中，但是后来不见病情好转，就不敢再花钱了。小伙伴得知他需要输血时，毫不犹豫地把胳膊伸向前去，说："把我的血输给他。他病好后还要再背我上学呢！"一句话说得父母大为惭愧，拿出了所有积蓄为他治病。

高尚行为其实都很平常，平常到如同两颗少年的心的碰撞，这样的爱，就是我们一生追寻的天堂之爱。而这样的天堂，就在我们的内心深处，就在我们被遗落的童年时代。天堂并不在遥不可及的天上，如果我们曾经用心，曾经毫无保留地去对一个人好，那么我们就会发现，身边有爱，爱中有天堂。

# 第五章　感谢他人给予的一缕阳光

## 祝你生日快乐

[美] 罗伯特·泰特·米勒

在一个阳光明媚，鸟声啁啾的清晨，约翰·埃文斯拖着沉重的脚步走进了我的生命里。他是一个衣衫褴褛的小男孩，身上穿着的是别人穿过的特大号的旧衣服，脚上穿着的鞋子早已经破旧不堪了，接缝处全都绽开了口子。

约翰是黑人的儿子，他的父母是农业季节工人，最近刚迁居到我们这个位于北卡罗来纳州的小镇来采摘这一季的苹果。这些工人们是最贫穷的工人，他们所赚的钱仅仅只够养家糊口的。

那天早上，约翰·埃文斯站在我们二年级教室的前面，一脸的倒霉相。当我们的老师帕梅尔夫人在点名册上写下他的名字的时候，他则不时地交换着双脚站立。虽然我们不能确信这位不上档次的新同学今后的表现会如何，但是，我们已经在下面对他指指点点，小声地非议起他来了。

"那是什么啊？"坐在我身后的一个男孩咕哝道。

"谁快把窗户打开吧，"一位女生笑着说。

帕梅尔夫人抬起头，双眼透过她的老花镜注视着我们。我们的议论声顿时停止了。然后，她又低下头去继续做日常的案头工作了。

"同学们，这是约翰·埃文斯，"少顷，帕梅尔夫人才又抬起头，向我们介绍说，听得出来，她在努力地使她的声音听起来充满热情。

而约翰则笑容满面地环顾着大家，希望我们也能对他报以微笑。遗憾的是，没有人对他微笑。但是不管怎样，他仍旧咧着嘴笑着。

而此时此刻，我则竭力地屏住呼吸，希望帕梅尔夫人不会注意到我身边的那个空位子。但是，她还是注意到了，并且对约翰向我这边指了指。当他轻轻地走近座位的时候，他看了看我。但是，我却扭过头去，转移了视线，让他不要误认为我会答应他成为我的新朋友。在约翰到我们班级第一个星期即将结束的时候，他发现自己仍旧是学校里最不受欢迎的人。

"这一切都是他自己造成的，"一天晚上吃晚饭的时候，我对妈妈说，"他几乎连最简单的计算都不会！"

逐渐地，妈妈通过我每天晚上的评论，已经对约翰有了非常深入的了解了。她总是耐心地倾听我的述说，除了时不时若有所思地说声"嗯"或者"我明白"之外，她几乎不发表任何意见。

"我可以坐在这儿吗？"一天，约翰手里端着午餐托盘，站在我的面前，面带笑容地问我道。

我下意识地向四周看了看，看有没有人在注意我们。"可以，你坐吧，"我无精打采地答道。

于是，我一边挨着他吃饭，一边听他不停地闲谈。这时，我才逐渐明白，我们以前对他的那些嘲弄真是太不应该了。其实，他是一个很容易相处的人，和他在一起，会让你感到非常愉快，不仅如此，我还发现，他是我到目前为止所认识的最爽快的男孩。

吃过午饭，我们一起来到操场上，参加游戏活动，不论是爬竿，还是荡秋千，抑或是跳沙箱，都被我们两人一一征服了。当我们排

## 第五章　感谢他人给予的一缕阳光

着队跟在帕海尔夫人的身后向教室走去的时候，我决定要成为约翰的朋友，今后，他再也不会没有朋友了。

"妈妈，您说说那些孩子为什么对约翰这么不友好呢？"一天晚上，妈妈送我上床睡觉的时候，我问她。

"我也不知道，"她忧伤地说，"也许只有他们自己才知道吧。"

"妈妈，明天是约翰的生日，可是他却什么东西都得不到。既不会有蛋糕，也不会有礼物。总之，他什么都不会有的，甚至根本就不会有人在意。"

妈妈和我都知道，每当有小朋友过生日，他的妈妈都会为全班同学带去纸托蛋糕和小礼物。

这些年来，妈妈就已经为我和我的姐妹们的生日到我们的学校送过多次蛋糕和小礼物了。但是，约翰的妈妈却整天都在果园里忙于工作，一定不会记得约翰的生日的。

"哦，宝贝，别担心，"妈妈安慰我说，"我敢肯定一切都会好的，"然后，她轻轻地吻了我一下，并向我道了晚安，就走出我的卧室。这次，是我有生以来第一次觉得妈妈说的话可能错了。

第二天早晨吃早饭的时候，我佯称身体不舒服，不想去学校，希望能够呆在家里。

"是不是因为今天是约翰的生日？"妈妈问道。

顿时，我觉得我的脸一阵燥热，胀得通红，等于不打自招。

"哦，亲爱的，你想一想，如果在你过生日的时候，你唯一的朋友也不到场，那你的感受会怎样呢？"妈妈柔声问道。

我想了想，猛地恍然大悟。于是，我立刻起身，吻了妈妈一下，就急急忙忙地上学去了。那天早上,我见到约翰的第一件事就是祝他生日快乐,从他那羞涩的笑容里我看得出他非常高兴我能够记住他的生日。于是,我想:也许这一天根本就不那么可怕!

就这样,大约到了下午三时左右,我几乎就已经确信生日其实并没有什么大不了的。接着,当帕梅尔夫人正在黑板上写着数学公式的时候,突然,我听到走廊里传来了一阵熟悉的声音。我听得出来那声音唱的正是《生日歌》。

片刻之后,妈妈手里拿着一盘点着红蜡烛的纸托蛋糕走进了教室。而她的腋下则夹着一件上面系着红色蝴蝶结包装的精美礼物。

这时,帕梅尔夫人也提高了嗓门,跟着我妈妈一起唱了起来。而同学们则都不约而同地把疑惑的目光投向了我,等待着我的解释。这时,妈妈发现约翰就像一只被汽车的前灯灯光怔住了的小鹿一样呆坐在座位上。于是,她连忙走到他的面前,把蛋糕和礼物放在了他的课桌上,并且说道:"约翰,祝你生日快乐!"

接下来,我的朋友端着那盘蛋糕,不厌其烦地走到每一位同学面前,很有礼貌地邀请他们和他一起分享这香甜可口的蛋糕。这时,我发现妈妈正目不转睛地注视着我。当看到我正吃着湿润而又柔软的巧克力糖霜的时候,她微笑着向我眨了眨眼睛……

回首往事,我几乎已经记不得那次和我们一起共度那个生日的其他孩子的姓名了。而在那之后不久,约翰·埃文斯也跟随他的父母迁居到别处去了,并且,至今,我再也没有听到过他的任何消息。但是,不论何时,只要我听到那首熟悉的歌曲,那天的一切就会清晰地浮现在我的脑海里,我的耳边仿佛又响起了妈妈那温柔的歌声,

第五章　感谢他人给予的一缕阳光

我的眼前仿佛又出现了那个小男孩那闪烁着惊喜的光芒的双眼,我的嘴角仿佛又回味着那盘纸托蛋糕的香甜……

爱的佐料也许是甜的、苦的、咸的……但总有一种感觉是我们所无法忘怀的,那就是爱!

## 少年的拥抱

[美] 南希·诺埃尔·玛拉

在教育领域里,我已经度过了15个年头。在这15年里,我经历了许多弥足珍贵的时刻,给我留下了许多难忘的回忆。其中,最珍贵、最令人难忘的一次是在十年前,我教小学二年级的时候。

记得那是在学期快结束的五月,我决定为孩子们策划一个特殊的活动:母亲节茶话会。我把孩子们召集在一起,商讨着如何才能表达我们对母亲的爱。我们一遍遍地练习唱歌和指挥,背诵赞扬母亲的诗歌。我们还动手做了蜡烛,并用蜡纸包了起来,我们还在白纸袋上系上了漂亮的缎带。此外,我们还制作了各自不同的母亲节卡片,准备到时候送给自己的妈妈。

当一切准备工作基本就绪的时候,我们决定把茶话会的日期定在母亲节前的那个星期五。于是,我给每个孩子都发了一张底部带有回复函的邀请信,要他们带回家交给自己的母亲。隔天,当我看着孩子们交回来的回复函,发现每个母亲都表示愿意来参加茶话会的时候,我简直惊讶极了,当然,我也长长地松了一口气。我甚至也邀请自己的母亲来参加茶话会了。

盼呀，盼呀，这个伟大的日子终于到来了。那天下午1点45分，孩子们整整齐齐地排列在教室门口，等待着自己的妈妈。茶话会开始的时间快到了，我环顾了一下整个教室，很快，我就看到了吉米，此刻，他正一个人无精打采地站在那里，仿佛是被霜打的茄子，原来他的妈妈还没有到。

于是，我拉着我的母亲，走到吉米的身边。"吉米，"我说，"我遇到了一个难题，不知道你能不能帮助我？待会儿，我就要忙着给大家介绍我们要唱的歌和要朗诵的诗，还要给大家倒饮料。不知道在我很忙的这段时间里，你愿不愿意帮我陪我妈妈？你可以为她拿拿饮料和饼干，等到送礼物的时候，你还可以帮我把我做的蜡烛拿给她。"

就这样，我的母亲和吉米在一张桌子旁坐了下来，和他们同桌的还有另外两对母子。就像我们前一天所练习的那样，吉米跑前跑后地拿东西招待我母亲，并把我做的礼物送给她，还像绅士一样为她把椅子拉进拉出。不论我什么时候向他们那边望去，他们都很投入地在交谈着，而且谈得非常高兴……

这幅动人的画面我一直珍藏在脑海里。十年过去了，如今，我负责教各个年龄段的学生有关环境的课程。去年，我在一所中学组织高年级的学生开展了一次实地考察旅行，非常巧的是，吉米也在其中。

那一天，我们是在蒙大纳的荒野里度过的。在返回的路上，我让学生们把一天来所做过的事简要地写下来，还对他们进行了一次简短的测验，并且对我们的这次旅行做一个评估。然后，我把他们的作业都收了上来，一个一个仔细地检查批改，看他们是不是都按

第五章　感谢他人给予的一缕阳光

照要求做完了。

当我检查到吉米的作业时，我发现他在对这次旅行所做的评估报告中写道："玛拉老师，您还记得在我二年级的时候，我们班里举行的母亲节茶话会吗？我一直都牢牢地记着！谢谢您为我所做的一切，也谢谢您的妈妈！"

当车子回到学校的时候，学生们开始有秩序地下车。而吉米却故意等到最后一个才下车。我告诉他说我真的非常喜欢他写的那些话。他看起来有些不好意思，显得很不自然，一边喃喃地说着"谢谢"，一边转身走开了。

当司机准备把车开离路边时，吉米又飞快地跑了回来，敲着车门。我开始以为他一定是忘记了什么东西呢。他跳上车，来到我的身边，张开双臂，热烈地拥抱着我，激动地说："再次感谢您，玛拉老师。那天，没有人知道我妈妈没来！"

就这样，在这个少年的拥抱之中，我结束了一天紧张而又忙碌的工作。要知道，他可能多年之前就已经不再拥抱他的老师了。

## 一次喝彩，改变了他的一生

张　峰

美国医学博士弗雷德·J·爱泼斯坦，是纽约大学医疗中心儿童神经外科主任，世界上第一流的脑外科权威之一。他首创了不少高难度外科手术——包括切除脊柱和脑血管上的肿瘤（在他以前，这两种肿瘤都被认为是无法开刀的)。然而，令人难以置信的是，这样的一位卓有成就者，在校求学时，却曾是一名有着严重学习障碍的学生。

爱泼斯坦博士在他的回忆录《我曾是智障者》一文里，讲述了自己求学的经历。他最不能忘怀的是他上五年级时遇到的一位名叫赫伯特·默菲的老师。由于生理原因，爱泼斯坦遭遇了严重的学习障碍，尽管他尽了自己最大的努力，可仍不断遭受挫折和失败。他自认比别人"笨"，就退却消沉，并开始装病逃学。默菲老师没有因爱泼斯坦的"笨"而轻视他，相反，还满腔热情地鼓励他。有一天课后，老师把爱泼斯坦叫到一边，将他的一张考卷递给他。那上面，爱泼斯坦的答案都错了。"我知道你懂得这些题目，为什么我们不再来一次呢？"老师挨个问考卷试题让爱泼斯坦回答。爱泼斯坦每答完一道题，他都微笑着说："答得对！你很聪明，我知道你其实懂得这些题目。我相信你的成绩会好起来的。"他还一边说一边把每个题目都打上钩。

默菲老师在爱泼斯坦的成长中起了多大的作用，我们无法估量。有一点可以肯定，如果换一个老师，只知指责爱泼斯坦不努力，或者干脆把他视为差生斥为"蠢笨"，也许，未来的医学奇才就夭折在他的手里了。正是赫伯特·默菲的赞扬和鼓励，激发了爱泼斯坦的信心，他才告别了绝望，倔强地与命运抗争，不再认输，不可懈怠，终于完成了正常人也不容易完成的学业，成了医学博士。

"你很聪明，我知道你懂得这些题目的"，一句喝彩的话，扬

## 第五章　感谢他人给予的一缕阳光

起了一位少年的奋进之帆。喝彩能驱除消沉者心灵的阴霾，使他们看到生活的美丽，看到希望的绚烂；喝彩能消融自卑者心灵的雾障，使他们信心百倍勇气陡增。一次小小的喝彩，甚至改变人的一生！

　　黑格尔在《生活的哲学》里讲述了这样的一则故事：一个被执行死刑的青年在赴刑场时，围观的人群中有个老太太突然冒出一句："看，他那金色的头发多么漂亮迷人！"那个即将告别人世的青年闻听此言，朝老太太站的方向深深地鞠了一躬，含着泪大声说："如果周围多一些像你这样的人，我也许不会有今天。"青年死刑犯的话令人深思。一个人老是生活在别人的指责、轻视甚至鄙夷里，往往要么心灵泯灭自甘平庸；要么心灵变态仇视他人和社会！而富有爱心的人饱含善意的喝彩，则能引导人走上人生的正途。

　　也许就是你的一次小小的喝彩，世界就多了一份亮丽！

## 祖母的玫瑰花

萨拉·L·哈德森

　　看着祖母的病一点点地加重真是一件令人难受的事。她的身体变得越来越瘦，腰也佝偻得越来越厉害。尤其糟糕的是，她的神智慢慢地变模糊，逐渐失去分辨事物的能力。她患的是阿耳茨海默氏病，也就是老年性痴呆症。最初，她对这个正在慢慢侵蚀她的身体、消磨掉她的智力的疾病既愤怒又恼恨，整天不停地抱怨。终于，愤怒变成了沮丧，然后是无可奈何地放弃。

我的祖母一直是个身体强壮的女人。在女性普遍工作之前，她就有一份职业。她是独立的。在她80多岁的时候，每年春天，她仍要搬出她的那架活梯，爬上去擦她家所有的窗户。

当我的祖母失去独自生活的能力时，我的父亲把她接到自己家里，让她与他一起住。孙子们和曾孙们经常到我父亲家里去。她似乎很喜欢这种大家庭的生活，喜欢被巨大的吵闹声和热烈的动感气氛所包围。

随着她的智力越来越迟钝，她对我们现实生活的理解也越来越差，她的思想离我们也越来越远。但她偶尔也会有神智清晰的时刻，每当那时，她就会知道自己身在何处，会认出围在她周围的每一个人。我们不知道那种情形是由于什么原因促成的，我们也不知道那样的时刻什么时候才会出现以及能持续多长时间。

当她朝着生命的最后时刻奔去的时候，她开始想念她的母亲，她认为她的所有东西都是她的母亲为她编织的。"妈妈为我编织了胶靴，"她会这样告诉陌生人，边说还边举起手里拿着的一只胶靴。"妈妈为我编织了外套，"她会茫然的微笑着说，并把她的雨衣的拉链拉开。然后，我们为她穿上胶靴，帮她拉好拉链。

在我的祖母和我们一起度过的最后那个秋天里，有一天，我们决定全家一起出去玩一天。我们分头坐进几辆汽车，到当地的一个集市去赶集。那里有饴糖、苹果、有手工艺品，还有疯狂电车。祖母喜欢花，于是，我的爸爸就为她买了一枝玫瑰。她骄傲地带着它穿过集市，还经常停下来嗅嗅它散发出来的香气。当然，祖母不能

## 第五章  感谢他人给予的一缕阳光

乘坐疯狂电车。因此，当其他家庭成员上去乘坐的时候，她就坐在我们附近的一把长椅子上等候。对她来说，神智清晰现在已经成为历史了——她的神智已经有好几个月没有清晰过了——但是当生活在她周围展开的时候，她似乎对坐在那里注视着我们玩耍很满意。当我们家庭中最小的一个成员跑着笑着去排队乘坐下一轮的疯狂电车的时候，我的父亲把我的祖母领到最近的一把长椅子上。那把长椅的一头已经有人坐了，那是一个面色阴郁的年轻女人，但是她说她不介意与我的父亲和我的祖母分享椅子。"妈妈为我编织了外套。"当我的祖母坐下来的时候，她告诉那位年轻女人。我们没有让我的祖母离开我们的视线。当我们回到长椅子边接她的时候，那位年轻女人正握着祖母的玫瑰。她看起来似乎一直在哭。"谢谢你们让我分享你们的祖母，"她说。然后，她告诉了我们她的故事。她已经决定在那天结束生命。她陷入了一种深深的绝望中，觉得活着没有意思，她已经计划好回到家里就自杀。当她与祖母一起坐在那把长椅上，一起被周围的狂欢气氛所包围的时候，她发现她自己正在把那些她原本认为无法解决的麻烦倾倒出来了。

"你们的祖母聆听我说话，"年轻女人告诉我们，"她还告诉我她也曾经丧失过希望，觉得沮丧。她告诉我上帝爱我，她说她会注意我并会帮助我渡过难关的。她送给我这支玫瑰。她告诉我我的生活会绽开的，就像这朵玫瑰花一样。他说我会被它的美丽惊呆的。他告诉我我的生命是一件礼物。她说她会为我祈祷的。"

当她拥抱我的祖母并感谢她挽救了她的生命的时候，我们目瞪口呆地站在一旁注视着她们。祖母只是茫然地微笑着，拍着她的胳膊。当那位年轻女人转身离开的时候，她向我们挥手道别。祖母也向她挥手，然后转身看着仍然惊讶地站在一旁的我们，说道："妈妈为我编织了帽子。"

## 为他人默默许愿

刘心武

小时候，邻居潘姥姥的嘴很瘪，妈妈让我把刚刚蒸好的蜂糕送去给她吃，她高兴得不得了。可是吃那糕以前，她把糕上的红枣都抠下来，让我很吃惊。后来听妈妈说，如果潘姥姥有钱安上假牙，她就可以像我一样享受红枣的美味了。那时我就默默许愿：等我长大赚了钱，一定给潘姥姥装上满口假牙。但是不久我们就搬走了，几年以后传来潘姥姥去世的消息。妈妈叹息时，我在一旁呆想：她怎么也不等等我，就死了呢？

上小学的时候，教唱歌的老师是个很爱笑的少女，她的笑声像鸟叫一样，我一听她笑就想到翠绿的竹林。可是有一天她来上课时完全没有了笑容，眼睛里泪汪汪的，后来她好久没来上课，换了一个很厉害的男老师。偶然里听说，她是因为失恋，自杀未遂，不再当老师了。我心里非常难过，便默默许愿，等我长大了，一定爱她、娶她。可是我还没上完小学，有一天，就在大街上看见她，挽着一个很强壮的男子，满脸放光，还发出我熟悉的小鸟般的笑声……

中学毕业时，联欢会上，有人建议每人说说自己的职业理想。

## 第五章　感谢他人给予的一缕阳光

有一个同学说他要当舞蹈家，立即引起哄堂大笑。他也笑，确实很好笑，因为他是个罗圈腿。但是我知道他心里真有那个想法，便在心里默默为他许愿，将来他就能当个舞蹈家！很久以后，在一场精彩的晚会结束时，我到后台去看他，我告诉他当年曾默默为他许愿，他感动地握住我的手说："怪不得我终于和舞蹈结下了不解之缘！你的祝愿，也是冥冥中托举我向上的力量之一！"他现在是一位重要的舞蹈服装设计师。

少年时代，我常常为他人默默许愿，成年以后，也还没丢失这颗童心。我很少得以还愿，而且我许的愿未必是他人所渴求的，有时甚至与他人内心所思相左，但是我珍惜自己的这一份心意。在为他人默默许愿的一瞬间，我的心灵必是美好的、纯净的、向善的，至少在那一瞬间，我无愧在世为人，并相信我置身其中的人类，因有这种最原始、最朦胧、最浅显的情愫，才得以绵延至今。

我不知道除却父母妻儿以外，可曾有他人为我默默地许愿，我在生活中是否过多地揣想他人对我的恶意，而丧失了对这世界存在良善的想象力？也许他人曾有过的对我的默愿，大大地超过了我所默愿的次数和力度，我只有珍惜自己那一份尚未泯灭的为他人默默许愿的情愫，才能使自己的生命更有意义。

为他人默默许愿时，心中便有一根爱芽，这芽不能抽叶、开花、结果，却能化为一种基因，传递到新的生命中。

唯愿自己还能自然而然地，在一个瞬间，为他人默默许愿……

# 第六章 为生活的赐福而感恩

感恩是一种处世哲学，是生活中的大智慧。这种智慧是在生活之中完成的，因此我们要品味生活。只有品味生活，才能够感受到大自然的美丽，才能感受到心灵世界的丰富，才能够感受到亲情的浓厚、友情的纯洁、爱情的美丽，才能感受到生命的多姿多彩。

感恩于自然，是她孕育了所有的生命，人类才有可能在生物中脱颖而出。

感恩于社会，是她提供给人类一切平和发展的机会，才让我们安心地走在充满阳光的大道上。

感恩于父母，是他们生育养育我们，并用一切可能的方式来教育我们，使我们从一个弱不禁风的小幼苗，逐渐地长成能够挑战风雨的小树。

感恩于老师，是他们给予我们知识，修正我们的世界观，从幼儿园、小学、中学、大学把我们一步步送上社会的阶梯。

感恩于朋友，是他们的知心让我们从不自信的漩涡中走出，重新肯定自己，不断战胜自己，融入自己看似不顺的生活。

感恩于伤害我们的人，因为他们让我们的内心变得更加坚强，对他人也学会了宽容。

## 第六章　为生活的赐福而感恩

感恩于苦难，因为它让我们知道生命中不能承受之轻。

感恩于自己，每一次我们战胜困难，最终还是依靠自己的终极力量走出低谷，抛弃旧我，塑造新我。虽然，我们不能太过重视自己，但是也不要忽略自己，这样才是健康的人生。

《生活是什么》：没有人敢妄下断言生命的本质是什么，但对生命的意义的思考，由古至今却从未间断过。其实生活就是一个个平凡细节的串联，生活中的平凡蕴含着一个个深刻的哲理。我们不追求什么，只要把所拥有的变成一生的财富，积蓄爱，延续温暖就好，感恩于每一个充满希望的新一天。

《倾听大自然母亲的心跳》：人与大自然的那种联系，是从亘古至今的遗传基因里带来的，不论是城市里的高楼大厦，还是日新月异的现代科技文明，都无法割断这条紧密缔结的纽带。大自然母亲每时每刻都能让我们感受到她的多姿多彩，悠扬的鸟啼声、清澈见底的溪水、清新的空气……这些给予是无私的，不求回报的。倾听大自然母亲的心跳，感谢她的无私和博大。

《用爱倾听》：当"我"听到隔壁阳台传来一种含糊不清的类似于说话的声音时，感觉格外不舒服，而朋友却认为那孩子的声音是一曲美妙的音乐。差别如此之大，原因就在我们是否用爱去倾听。爱可以包容一切，让我们更加热爱生活。用爱去感受生活事物，多为他人着想，爱的共鸣才会在时间的流逝中越来越强烈，爱的节奏才会在彼此的弹唱中越来越和谐。

《谁是给你幸福的人》：感谢生活赐予我们爱的不同表达方式。故事中父女间的爱，以一种特别的间接方式在发挥着作用——"战争"。心里有爱，却不言表。爱得越深，吵的越热。当我们懂得这种爱也是一种幸福的时候，我们就更能珍惜、感激这份特殊的爱。

《拿什么来报答你，我的母亲？》：感谢生活赐予我们拥有慈爱、宽厚、无私的母亲。然而，在我们赞美母亲伟大的同时，我们又给了母亲什么呢？文中作者列出的数字让我们心痛，等我们幡然悔悟的时候，已经永远没有机会了。珍惜母爱，感恩母亲，并及时地去爱她，我们才不会在她离开之后，痛悔不已。

《给予树》：为喜欢的人做力所能及的事，甚至奉献自己的所有，这也是一种幸福。故事中的树无数次地为男孩付出，将果子、树枝、树干统统给了男孩，但它无怨无悔，并且感到很快乐，这一切都源自一个"爱"字。快乐的生活不在于得到，而在于付出和奉献。尽情去奉献，毫无怨言地去给予，为了我们爱着的人，倾我们所有又何妨？

《小提琴的力量》：爱从来就是一件奇怪的东西，无论把它分成多少份，它都不会减少；相反，它会蓬勃而茂盛地把微小部分长成一片春天。这就是爱的传递。小的时候，"我"曾是个小偷。一次偷盗，让"我"结识了一位善良的女孩。她没有当众揭发"我"，而是体面地维护了"我"的自尊。数年后，这种情景又发生在"我"和一个叫梅里特男孩的身上，"我"用同样的方式维护了男孩，把爱的火种传递给了梅里特。爱就是这样，不断传递，不断生长……

"把爱奉献给这个世界，所以我快乐！"

# 第六章　为生活的赐福而感恩

## 生活是什么

顾 文

为生而活？

简单说，可能是过日子，复杂说，也是过日子。

西方有位作家写了一本书，叫《生活的艺术》，但也没有阐明什么叫生活。

一个回暖的深秋傍晚，太阳早逝，但还剩着光亮。

我去学校接女儿。把车停下，就在学校大门口旁边的小商店溜达。在一间卖日本三洋彩电的专卖店里，我发现了新大陆。一位小青年，也就是过去说的店伙计，他在读一本《毛泽东选集》第四卷。翻开的是1097页，文章是《评蒋介石发言人谈话》。其时，店员已经到店门口的躺椅上休息了，没有顾客光顾。我很兴奋，问他：你在读毛主席著作？他回答我：是啊！

我抬头看见店门口挂了一条黄色的条幅，上书"日本三洋彩电'贴心价'优惠顾客"。

我笑了，说：你一边卖日本彩电，一边读"毛著"？

他说：是啊。卖日本货是给老板打工，读毛主席的书是我自己的想法。不懂过去，读读很有意思。

我翻到版权页看了一下，好家伙，是1966年的版本，定价是0.45元。

我说：你这本书还是宝贝呀，1966年出的。

青年就很得意，说：那是我在夜市的地摊上买的，10块钱，1分钱都不肯少。但我这本是封面上有红五星的。

我知道，好多领导的办公室里，有一排书橱，里面放着马、恩、列、斯、毛的著作，但那可能是很少翻阅的。有点儿像过去官府里的"公正严明"和老虎的挂幅，是一种摆设，与这位打工的青年看毛泽东的书，不可同日而语。

一样东西走红一阵子，红极而白，不被看好，但过了一段时日，又被看好。这可能就是生活。

嘿，生活真有意思。

生活到底是什么？生活可能是故事。

有一个故事，我是在乡下的时候听来的。

有一人家，生意做得很大，每天晚上算账，深夜才能睡。隔壁一个挑担货郎，每天晚上喝点儿酒，吃完饭就唱歌。大生意人家的妻子问丈夫：隔壁每天赚不到多少钱，为什么老是那样高兴？丈夫说：你想让他不唱歌吗？妻子说：是啊！

因为妻子老想不通，隔壁人家赚的钱比不上她家多，为什么老是比她家快活？

丈夫说，那你送一些钱给他，让他把生意做大。

这户人家真的把一些钱送给了隔壁人家。从此，挑担货郎变成了大生意人，每天晚上算账到深夜，歌声再也没有了。

生活就是这样。当你有了，你就没有了。

有一段时间，讨论鲁迅很热烈。

## 第六章　为生活的赐福而感恩

说鲁迅真可惜，放着好好的小说不去写，却去写那些杂文。假如鲁迅当年一直写小说，后来的文学地位就不是今天的样子了；也有人说，鲁迅应该去写杂文，国难当头，有良心的文学家，首先是战士。

那些争论热烈，但没有结果。

因为这是生活。

生活塑造了鲁迅，鲁迅塑造了自己的生活。

如此而已。

感谢那位卖东洋彩电的小伙儿，他读毛主席的书，让我生出许多的想法，让我体味生活。

但生活是什么？

生活是不是苦中酿蜜，烦中取乐？或者，生活就是由铁到钢的锻造过程？

生活最好是道路如高天，智者如流云。

## 倾听大自然母亲的心跳

赵鑫珊

美国生理学家曾做过这样的实验：将初生的婴儿分成四组，一组听不到任何声音；二组播放录制的催眠曲；三组用节拍器仿声；四组播放母亲心跳的录音。结果表明，第四组仅用了其他三组所用时间的一半，婴儿就安安稳稳地睡着了。而第一组的婴儿在长达

60%的时间内都在啼哭、骚动。

　　结论是：婴儿同母亲的心跳有着天生的亲和关系。在娘胎里，婴儿的心脏是被母亲的心跳起搏激活的。在心跳和谐共振的基础上，母子之间已奠定了生理、心理（情感）交流的雏形。人成年后，从母亲怀抱走进充满矛盾、冲突和处处是陷阱的外部世界，便经常在潜意识里回忆当年母亲的心跳。那心律，永远意味着平安、清洁和舒适。因为在娘胎里，我们既没有严寒，也没有酷暑，更没有忧患。这便是人依恋母亲的生理基础。非常本能，根深蒂固。

　　其实，现代人渴望旅游的冲动，在本质上也是去寻找大自然母亲心跳的冲动。旅游的冲动．也是潜意识渴望返回大自然母亲的怀抱。因为我们都来自那里。不管你今天是总统、董事长，还是小学教师或外地民工，从根本上都来自那里，无一人例外。

　　一阵清凉的风，掠过河边的山谷，吹动一大片枫树林中的叶，发出沙沙声，那正是大自然母亲的心跳；雁荡、华山多好溪，流水潺潺，那也是大自然母亲的心跳；水光山色，猿声鸟啼，依稀在耳，同样是她的心在跳，那么亲切、祥和、安康！

　　你也许会说："不必特意跑到雁荡山、黄山去听猿声鸟啼吧！我们家鸟笼子里就有一只黄莺，每天早晨它都叫，叫得好听极了！"

　　"不。笼子里的鸟叫是被人扭曲了的大自然母亲的心声。它不叫还好，一叫，我就想哭。把大自然关在笼子里是现代人的一大愚蠢，也是当代世界危机的总根源之一。"我回答。

　　有好几次我住在大宾馆里。初冬，不算冷，但暖气已烧到25℃。一切都是封闭式的。我觉得被陌生和敌意重重包围着；里面的空气、

## 第六章 为生活的赐福而感恩

地毯、化学制品的墙纸……我想呕吐。我终于逃了出来，一回到外面的空气中，原先的压抑和胸闷感便烟消云散。尽管上海的空气已经被严重污染，居然还有这般疗效、功效，要是回到雁荡山、黄山……其疗效可想而知。

其实，我们时时处处都被许多陌生的现代人工制品包围着，其中有许多东西对人还是抱有敌意的：柏油马路、塑料制品、洗涤剂、农药、化肥、噪音、汽车废气、席梦思……这种生存环境不过是最近几十年的事，而人在地球上进化的历史却长达几百万年。从真正能制造工具的人进化到今天，也有一百万年的漫长时间。几十年比一百万年，怎不觉得突然、陌生？第二次世界大战后，科技迅猛发展，人性跟不上，骨子里适应不了变异的生存环境，因为那不是大自然母亲的心跳！

不错，人性也是进化的。但进化速度极缓慢，一千年前后都不会发生明显的变化。不然，我们就读不懂唐诗。迅猛发展的生存条件和环境几乎在日夜拖着人性拼命向前奔跑。人性觉得很累，颇有心力交瘁之感。于是出外旅游的念头便油然而生。

有一回，朋友请我去新锦江顶层旋转餐厅吃夜宵。桌上点着蜡烛，烛光很柔和。缓解人的生理、心理上的压力、紧张，给人以宁静、平和、安稳的感觉，好像一下子回到了农业文明的祥和时代。农业文明约有一万年的历史。人性更亲近风车、水牛、马车、木制纺织机、豆油灯、蜡烛光和水井……所有这些离大自然母亲的心跳很近很近。

今天，人们去旅游，无非是出于两大动机：人文历史的追寻，回到大自然的怀抱。后者似乎更有意思。比如在山谷草地上野餐，因为几万、几十万年前，我们的祖先打猎归来，就是在草地上烤野猪、野鹿和野鸡的。今天的旅游者喜欢野餐，点燃篝火，正是在潜意识层对大自然母亲心跳的一种追忆方式。

这就是人的大自然情结，永不散去的结。

## 用爱倾听

方冠晴

那段日子，我被楼上楼下的住户折腾得快疯掉了。

我家住二楼。住我楼下的，是一对下岗夫妇。为了生活，这对夫妇买了一辆破旧的三轮摩托车，每天出去载客，深更半夜才回来。那辆摩托车破旧得像个严重的哮喘病人，"突突突"的响声像哮喘病人的咳嗽，不但巨大，而且让人揪心般难受。每晚，我躺在床上，刚有一点睡意的时候，那辆摩托车就拼命"咳嗽"着回来了，声音攀上楼来，钻进窗内，搅得我睡意全消。

我楼上的那家住户，不知怎么的心血来潮，他给女儿买了一支箫。每天天刚蒙蒙亮，他就逼着女儿练习。那声音呜呜咽咽，毫不连贯，毫无乐感，听在耳里，像鬼哭狼嚎。

我每晚被楼下摩托车的"咳嗽"搅得没有睡意，早晨又早早地被楼上的箫声"哭"醒，弄得我精神不振，心情烦躁。我想，是该好好与楼上楼下的住户谈一谈了。但临到他们的门口，我又犹豫了，

## 第六章 为生活的赐福而感恩

谈什么呢？让他们不要再发出噪音？可楼下的那个住户，破摩托车就是他们的饭碗；楼上的那个住户，箫声就是家长对孩子的希望。难道我要他们放弃饭碗放弃希望？我不忍开口，他们也不会答应。

几经考虑，我决定搬家，搬到一个清静的地方去居住，那样有利于我的写作，也有利于我的健康。我找到一位朋友，诉说了我的苦衷，叫他帮我物色好的住所。朋友笑眯眯地听着，然后问我："你觉得我居住的环境怎样？"我说："就是觉得你这里清静，所以叫你帮我找住的地方。"朋友得意地点点头，说："好吧，你先在我家里坐一个小时，感受一下。"

我在朋友家里待了一个小时，这里的环境确实幽静。但一个小时后，人们陆续下班回家，嘈杂开始显现。最要命的是，隔壁的阳台上，传来一种含糊不清的类似于说话的声音，那像原始部落的人用特殊的声音在喊叫，声音刺耳而使人不明所以，让人听了格外的不舒服。

我问朋友这是什么声音。朋友说："一个9岁的男孩，在学说话。你仔细听听，他说的是什么？"我侧耳倾听，那男孩无疑在重复一句话，但我怎么听都听不明白他在说什么。我猜测说："他好像在说，羊刚扑倒在地。"朋友哈哈大笑，说："你错了，他是说，阳光普照大地。"说着话，他拉开了通往阳台的门，使那孩子的声音更大一些，而且我听到，有一位妇女，在不断地纠正那个男孩。妇女说的，正是"阳光普照大地"。但无论妇女怎么纠正，那男孩说的，仍是"羊刚扑倒在地"。

朋友问我："如果让你住在这里，每天听到这样的声音，你感觉如何？"我直摇头，实话实说："受不了，不但声音太吵，而且他怎么学都学不会，听着都替他急死。""但是，在我的耳朵里，这孩子的声音简直就是一曲美妙的音乐。不但我有这样的感觉，住我们这栋楼里的人，都有这样的感觉。"

朋友见我一脸诧异，便解释说："这孩子是个弃儿，一出生就又聋又哑，所以他的生身父母抛弃了他。是我的邻居将他捡了回来，不但抚养他，而且到处求医问药为他治疗。从他4岁开始，我的邻居就开始教他说话，我们都以为这是不可能的事情，但我的邻居锲而不舍，坚持每天教他。到他5岁的时候，有一天，他居然开口叫妈妈了，虽然声音那么模糊，但我们都听清了。我的邻居当时就激动得哭了，我们在场的许多人都热泪盈眶。我的邻居含辛茹苦这么多年，终于让这孩子开口说话了，你说这怎么不让人激动。所以这以后，我的邻居更加认真地教他说话，我们这栋楼里的住户，都觉得这声音就是美妙的音乐。"

在我离开朋友家的时候，朋友说："你听这孩子的声音，很刺耳，很不舒服，那是因为，你是用耳朵在听；而我们听这孩子的声音，很动听，很欣慰，那是因为，我们是用爱在听。只要学会用爱去倾听，这世间许多声音，都是美妙的音乐。"

朋友的话，在我的心里产生了强烈的震撼。是的，如果用耳朵去听，这世界，有许许多多的声音，有动听的，有刺耳的，有美妙的，有聒噪的，这些声音尽皆入耳，可以让你觉得是一种享受，也可以让你觉得是一种折磨。但如果用爱去听，这世界，就只有一种声音，那就是，美妙与和谐，让人觉着欣喜和欣慰。

## 第六章　为生活的赐福而感恩

我打消了搬家的念头，奇怪的是，再听楼下摩托车的轰鸣，我没觉着刺耳，而是觉着欣慰，这对下岗夫妇今天又有生意了，又有收入了，我为他们感到高兴；而再听楼上的箫声，我也能听到小女孩的进步。

上帝给了我们耳朵，是让我们能听得到世间所有纷杂的声音，而人类给了自己爱心，是让我们将所有纷杂的声音，转换成美妙动听的音乐。想享受美妙动听的音乐，就要学会用爱倾听。

### 谁是给你幸福的人

曼 的

我爱我爸，正如他爱我，我们的固执和任性有着惊人的相似。20年来我们不断用眼泪、吵闹和拳头来加固亲情。我们吵架，常把一旁的母亲急哭："两头牛！两头牛！"

感谢上帝，我只为他过过一次生日。那天我砸碎小瓷猪，买回了双层大蛋糕和数字蜡烛。布置餐桌时老爸一副受宠若惊的样子在一旁为我打下手，我哼着歌把"42"和"19"的蜡烛都插上了蛋糕。泪光点点的爸愣了，我仰起头，用下巴指了指对面笑意盈盈的男友："巧得很，你们正好相差23岁，一起过吧。"男友有些窘，赶紧冲爸爸笑了笑，那神情像是个会上坐错了领导位置的小秘书。老爸不笑，脸冰了下来。

男友要缓和气氛，举杯时问我："核子，做周叔叔的女儿是不是很开心哪?"我稳稳接住他抛过来的眼风,却舌尖一扭喊出句豪言壮语来:"我不下地狱谁下地狱!"——没人认为我是在开玩笑,包括我自己。

因为这句话,散席后男友第一次在大街上和我翻了脸。他说:"你怎么能这么说你爸爸?我今天才知道你核子太冷血太没感情了!"后来,我和他分了手,为了他的不懂我。

相信我,我爱我爸,真的。我尊敬他,崇拜他,但这并不代表动物们敬畏兽中强者,所以羚羊就会去亲近一头猎豹。他太严肃,他求全责备的家教有时真逼得我想遁入空门。女儿在他的腹稿里,应是一个才比班妃①、德逾无盐②的美丽海伦,可惜我的执拗和玩世不恭每每把自己炮制成个无才无德又对不起观众的女孩。

难为他了——40多岁的中年人,还经常被客人撞见正挥着坐垫和女儿短兵相接地打架,就为了这个孽障的一个极不优雅又极不肯改的坐姿。

收到省外大学的录取通知书,那"××大学"四个字在我看来却怎么也要变成"熬出头了"的样子。我像北方地窖里的一棵大白菜,挨过整个暗无天日的冬天,终于在开春时被拎了出来。我简简单单地收拾完行装,几番风雨路三千,奴去也!留下了一地瓜子壳和糖纸。还有故意摊开放在桌上的日记,上百篇怨气冲天的随笔后面是一页真情告白:"风萧萧兮泪水干,美女一去兮不复返!"

---

① 班妃:公元前48年出生,汉成帝的妃子,才气过人。
② 无盐:传说故事人物。姓钟离,名春。相传为齐国无盐邑(今山东东平)人,世称无盐女。其状貌丑陋无比,年四十而未嫁,但关心政事,曾自诣齐宣王,宣王为之感动,立无盐为后。

## 第六章　为生活的赐福而感恩

后来姐姐打电话来把我臭骂了一顿，她说爸爸看了那本日记，当场撑不住就哭了，整整一个星期眼睛都是红的。我在电话里笑得好得意，我说："他也有今天，他不管我啦，他不训我啦？"然后扔了话筒就往洗手间跑，泪水喷涌而出。

异乡的悲欢岁月，小城里人情冷暖，家里每每来电问起，我从来只是报喜不报忧。自由是自己要的，孤独是自己找的，委屈就自己吞了。只是爸爸，从不知道他竟有如此善解人意的一面，他似乎同步洞察了我的喜怒哀乐。每个周末必寄达我手中的家信上，写满了过来人的开导，假设我学习上有困难，假设我人际上碰到问题，假设我遭遇失恋，假设……我总是不以为然地撇撇嘴："哼！又教导人呢。"唇边却漾开了释怀的笑。打开手机，全是他转发来的搞笑短信，他怎么就知道我一天的坏情绪都会被这些给驱散呢？

复旦要邀请李杭先生做一场报告《我的父亲李苦禅》，我在网上看到了这条消息。我不喜欢书画，我天生就不是父亲理想中那种全才淑女，但我感到心中某根弦被很微妙地拨了一下，有一股强大的驱动力让我萌发了一个念头：我要向李先生要一份礼物！

5个小时后我到了上海，正好赶上晚上的讲座。台上关于苦禅画风、笔法、人品的种种介绍引不起我丝毫的兴趣，在20年来父亲的强硬灌注下，这些我早已耳熟能详。我只是不停地往上递字条，一遍遍地向李杭先生讲述我父亲对苦禅大师的景仰、对苦禅作品的虔诚珍藏，以及屡次购买真迹时的艰苦和失败——尽管我清楚，想借此赚得同情而获赠一幅苦禅先生价值连城的墨宝根本无异于痴人说梦，但我还是辛苦而执著地写着、递着，一遍一遍。我慢慢地被自己感动着，想哭的冲动一点一点涌上来。

可是没有人理我。十几张字条像是都被传飞了。我坐在后排，像一只孤苦的母雁翘首找寻和等待着自己失散了的孩子们。

讲座结束，我一把揪起提包就往台上冲，可是热情的复旦学生太多了，李杭先生周围早就围了个密不透风。我站在一堵堵肉墙外面，肩膀早已被挤得变形，我咬牙立着，等着，前面那些美术系科班生的冗长提问没完没了。

40分钟过去了。人群渐渐散去，我总算可以站在李杭先生面前结结巴巴地复述完了自己的请求，我感觉自己的脸早已红得像个煮熟了的醉虾。他大度地笑了笑，没有反感我的不懂事，显然他已明白那一大堆笨得要命的字条是谁写的了。

"你——爸爸？"

"对。我爸爸只是公务员，薪水不高，可是他已经收藏了苦禅先生的两幅作品，您知道这样的奢侈品对我们来说并不容易，"我的语速飞快，仿佛因了某种坚定而无需再组织语言，"他是真的相当崇拜您父亲，我是说，您能给我一样有关苦禅先生的东西吗？最好是作品，当然不行就别、别、别的……"周围几位老师都善意地笑了。

我继续讲下去："我想替我爸爸向您要这些东西。我只是想让爸爸高兴——您知道他会高兴成什么样子！"

就在我快要绝望的时候，他请旁边的老师记下了我的地址。

我是如此的感谢李杭先生对一个素昧平生的孩子的关爱。14天后我收到了一封挂号信，里面的小信封内是五张苦禅大师生前的生

## 第六章 为生活的赐福而感恩

活照和一张李杭先生的名片。

我把信封吻得温热如棉。我的父亲！爱是什么呢？你快乐于是我快乐啊！我按原样粘好信封，夹了一张匿名字条进去："您对书法收藏的执著令人动容，今有苦禅大师遗照数张，一并相赠，望笑纳。"

我不愿他知道我是谁，而事实是我已擅长于在他面前扮演桀骜不驯的坏女儿，至少那使我自然。我没有习惯当承欢膝下的乖孩子，为他做任何温情的事都会让我觉得有刻意之嫌而别扭。

那晚我一直没睡好，我幻想着老爸的笑容而乐不可支。我突然明白过来自己是如此的有罪：从小到大父亲为我做了那么多的事，而这——这是我为他做的第几件事？

我为自己的发现而羞愧难当，诚惶诚恐。

更让人乐不可支的事在后面。老爸收到了信，竟然大脑不跟小脑玩地往李杭先生家里挂了电话，据说李先生被搅得一头雾水。

经不住他的追问，我在电话里承认了"罪行"，他在那边轻轻地说："……谢谢你，的妮，爸爸很高兴。"

"爸。"我的喉头一阵发紧，"我不乖，我年年过节都不回家……"

"我们每年都盼着你能回来，爸爸知道……回来！你今年一定要回家，的妮！你妈早就攒了一大堆好吃的等着你呢！还有，还有……"

"什么，爸爸？"

"还有，核核你给我听好了，我们已经有两年没有打架了！你是不知道，那坐垫长期不发挥作用，已经被你妈坐得扁扁的了——就像你小时候喜欢仰睡，被压扁了的后脑勺一样。"

# 拿什么来报答你，我的母亲？

戴凤德

1. 当你1岁的时候，母亲喂你奶还给你洗浴。然而你却只会用整晚的大哭大闹来报答她。

2. 当你2岁的时候，母亲教你学步。然而你却只会在她叫你的名字的时候淘气地溜之大吉来报答她。

3. 当你3岁的时候，母亲以她全部的爱心为你准备一日三餐。然而你却只会将碟子扔在地板上来报答她。

4. 当你4岁的时候，母亲给了你几枝蜡笔。然而你却只会将餐桌乱涂一通来报答她。

5. 当你5岁的时候，母亲给你穿上了节日的新衣。然而你却只会弄得满身泥浆来报答她。

6. 当你6岁的时候，母亲送你上学去。然而你却只会大嚷着"我才不想去读书哩"来报答她。

7. 当你7岁的时候，母亲给你买了一枚棒球。然而你却只会拿球击碎邻居的玻璃窗来报答她。

8. 当你8岁的时候，母亲给你冰淇淋吃。然而你却只会用冰淇淋把裤子的膝部滴脏了来报答她。

9. 当你9岁的时候，母亲为你支付学钢琴的费用。然而你只会以"从不练琴"来报答她。

## 第六章 为生活的赐福而感恩

10. 当你 10 岁的时候,母亲常常驾着车,将你从足球场送到体操馆,接着再送到另一个生日派对上。然而你却以从来不回看她一眼就跳下车去来报答她。

11. 当你 11 岁的时候,母亲请你和你的朋友去看电影。然而你却以让她单独坐在不同一排来报答她。

12. 当你 12 岁的时候,母亲提醒你不要看某些电视节目。然而你却以趁她不在家时更是大看特看来报答她。

13. 当你 13 岁的时候,母亲建议你去理一个她认为合适的发型。然而你却用埋怨她没有"品位"来报答她。

14. 当你 14 岁的时候,母亲为你支付了长达一个月的夏令营的费用。然而她获得的报答却是:你全然忘记了给她写哪怕一封信。

15. 当你 15 岁的时候,母亲下班回家时总期盼着你会拥抱她。然而你却以反锁上房门来报答她。

16. 当你 16 岁的时候,母亲教你如何驾驶她的汽车。然而你却以抓住所有的机会抢开她的车来报答她。

17. 当你 17 岁的时候,一次母亲正在等候着一个重要的电话。然而你却以整夜占着电话来报答她。

18. 当你 18 岁的时候,母亲在你的毕业典礼上哭了鼻子。然而你却以在毕业舞会上玩了个通宵而不回家来报答她。

19. 当你 19 岁的时候,母亲支付了你的大学学费,亲自驾车把你送到了大学校园。还帮你提沉甸甸的箱子。然而你却把她挡在了宿舍外向她道别。以免在新同学面前自己陷入尴尬的境地。

20. 当你20岁的时候，母亲询问你是否有了男友。然而你却回答说"这不关您的事呀。"

21. 当你21岁的时候，母亲为你设计未来的职业。然而你却回答说"我才不想步您的后尘哩。"

22. 当你22岁的时候，母亲在你的大学毕业典礼上和你紧紧拥抱。然而你却提出要求说："您是否可以为我支付一次到欧洲的旅行费用呢？"

23. 当你23岁的时候，母亲为你买下的第一套公寓房提供了家具。然而你却对朋友感叹道："这些家具难看死了。"

24. 当你24岁的时候，母亲遇见了你的心上人，并问及了你们对未来的打算。然而你却对她大嚷道："我们自会好好安排的。"

25. 当你25岁的时候，母亲帮助你支付了婚礼费用，还哭着告诉你她有多爱你。然而你却毫不迟疑地迁徙至千里之外。

26. 当你30岁的时候，母亲来电话提到了一些有关如何抚养婴儿的合理化建议。然而你却说："现在的情况已经完全不同啦。"

27. 当你40岁的时候，母亲在电话中提醒你某个长辈的生日马上到了。然而你却推脱说："眼下我正忙得团团转呢。"

28. 当你50岁的时候，母亲生了病，而且需要你去照顾。然而你却唠叨说："双亲有时也会变成子女的重负啊！"

29. 然后有一天，母亲安静地驾鹤西去。所有你未曾来得及做的事情，便都会犹如敲击在你心头的声声霹雳，让你受到刺激，让你觉得好心痛啊。

30. 如果母亲仍健在，那么别忘了比以往任何时候都更深地爱着她。如果她已经不幸永远离开了你,那么你必须记得,母爱才是彻底无条件的呀!

## 给予树

[美] 谢尔·西弗斯汀

从前有一棵树,它很爱一个男孩。每天,男孩都会到树下把树的落叶拾起来,做成一个树冠,装成森林之王。有时,他还会爬上树,抓住树枝荡秋千,或者吃树上结的果子。有时,男孩还和树一块玩捉迷藏。要是他累了,就在树荫下休息。所以,男孩也很爱这棵大树。

树感到很幸福。

日子一天天过去,男孩长大了。树常常觉得孤独,因为男孩很长时间不来玩了。

有一天,男孩又来到树下。树说:"来呀,孩子,爬到我的树干上来吧,你可以在树枝上荡秋千、吃果子,可以到我的树荫下来玩。"

"我长大了,不想再这么玩,"男孩说,"我要娱乐,要钱买东西,我需要钱。你能给我钱吗?"

"很抱歉,"树说,"我没钱,我只有树叶和果子,你采些果子去卖吧,卖到城里去,就有钱了,这样你就会高兴的。"

男孩爬上树,采下果子,把果子拿走了。

树感到很幸福。

此后,男孩很久很久都没有来。树又感到悲伤了。

终于有一天,那男孩又来到树下,他已经长大。树高兴地颤抖起来,说:"来啊,孩子,爬到我的树干上来荡秋千吧。"

"我忙得没空玩这个,"男孩说,"我要成家立业,我要一间屋取暖。你能给我一间屋吗?"

"我没有屋,"树说,"森林是我的屋。我想,你可以把我的枝砍下来做间屋,这样你会满意的。"

于是,男孩砍下了树枝,背去造屋。

树心里很高兴。

此后男孩又好久好久没来。有一天,他又回到了树下,树是那样的兴奋,连话都说不出来了。过了一会儿,它才轻轻地说:"来啊,孩子,来玩。"

"我又老又伤心,没心思玩,"男孩说,"我想要条船,远远地离开这儿。你给我一条船好吗?"

"把我的树干砍下来做船吧,"树说,"这样你就能离开这里,你就会高兴了。"

男孩就把树干砍了下来,他真的做了条船,离开了这里。

树很欣慰,但心底里却很难过。

又过了好久,曾经的那个男孩又回到了树下。树轻轻地说:"我真抱歉,孩子,我什么也没有剩下,什么也不能给你了。"

它说:"我没有果子了。"

他说:"我的牙咬不动果子了。"

第六章　为生活的赐福而感恩

它说:"我没有树枝了,你没法荡秋千了。"

他说:"我老了,荡不动秋千了。"

它说:"我的树干也没了,你也不能爬树了。"

他说:"我太累了,不想爬树了。"

树低语说:"我很抱歉。我很想再给你一些东西,但我什么也没剩下。我只是个老树墩,我真抱歉。"

男孩说:"现在我不要很多,只需要一个安静的地方坐一会儿,歇一会儿,我太累了。"

树说:"好吧。"说着,它尽力直起它的最后一截身体。"一个老树墩正好能坐下歇歇脚,来吧,孩子,坐下,坐下休息吧。"男孩坐在了树墩上。

## 小提琴的力量

[澳大利亚] 布里奇斯

每天黄昏的时候,我都会带着小提琴去尤莉金斯湖畔的公园内散步,然后在如血的夕阳中拉一曲《圣母颂》,或是在迷蒙的暮霭里奏响《麦绮斯冥想曲》,我喜欢在那悠扬婉转的旋律声中编织自己美丽的梦想。小提琴让我忘掉世俗的烦恼,把我带入一种田园诗般纯净恬淡的生活中去。

那天中午,我驾车回到离尤莉金斯湖不远的花园别墅。刚刚一进客厅门,我就听见楼上的卧室里有轻微的响声。那种响声我太熟悉了,是我那把阿马提小提琴发出的声音。"有小偷!"我一个箭步冲上楼,果然不出我所料,一个12岁左右的少年正站在那里抚摸我的小提琴。那个少年头发蓬乱,脸庞瘦削,不合身的外套鼓鼓囊囊,里面好像塞了某些东西,我一眼瞥见自己放在床头的一双新皮鞋失踪了,看来他是个贼无疑。我用结实的身躯堵住了少年逃跑的路,这时,我看见他的眼里充满了惶恐、胆怯和绝望。就在刹那间,我突然想起了记忆中那块青色的墓碑,我愤怒的表情顿时被微笑所代替,我问道:"你是拉姆斯敦先生的外甥鲁本吗?我是他的保姆,前两天我听拉姆斯敦先生说他有一个住在乡下的外甥要来,一定是你了,你和他长得真像啊!"

听见我的话,少年起先一愣,但很快他就接腔说:"我舅舅出门了吗?我想我还是先出去转转,待会儿再来看他吧。"我点点头,然后问那位正准备将小提琴放下的少年:"你很喜欢拉小提琴吗?""是的,但我很穷,买不起。"少年回答。"那我将这把小提琴送给你吧。"我语气平缓地说。少年似乎不相信小提琴是一位保姆的,他疑惑地望了我一眼,但还是拿起了小提琴。临出客厅时,他突然看见墙上挂着一张我在悉尼大剧院演奏的巨幅彩照,于是浑身不由自主地战栗了一下,然后头也不回地跑远了。我确信那位少年已明白是怎么回事,因为没有哪一位主人会用保姆的照片来装饰客厅。

那天黄昏,我破例没有去尤莉金斯湖畔的公园里散步,妻子下班回来后发现了我的这一反常现象,于是忍不住问道:"你心爱的小提琴坏了吗?""哦,没有,我把它送人了。""送人?怎么可能!你把它当成了你生命中不可缺少的一部分。""亲爱的,你说的没错。

## 第六章　为生活的赐福而感恩

但如果它能够拯救一个迷失的灵魂，我情愿这样做。"看见妻子并不明白我说的话，我就将当天中午的遭遇告诉了她，然后问道："你愿意再听我讲述一个故事吗？"妻子迷惑不解地点了点头。

"当我还是一个少年的时候，我整天和一帮坏小子混在一起。有天下午，我从一棵大树上翻身爬进一幢公寓的某户人家，因为我亲眼看见这户人家的主人驾车出去了，这对我来说，正是偷盗的好时机。然而，当我潜入卧室时，我突然发现有一个和我年纪相当的女孩半躺在床上，我一下子怔在那里。那位女孩看见我，起先非常惊恐，但她很快就镇定下来，她微笑着问我：'你是找五楼的麦克劳德先生吗？'我一时不知说什么好，只有机械地点头，'这是四楼，你走错了。'女孩的笑容甜甜的。我正要趁机溜出门，那位女孩又说：'能陪我坐一会儿吗？我病了，每天躺在床上非常寂寞，我很想有个人跟我聊聊天。'我鬼使神差地坐了下来。那天下午，我和那位女孩聊得非常开心。最后，在我准备告辞时，她给我拉了一首小提琴曲《希芭女王的舞蹈》。看见我非常喜欢听，她又索性将那把阿马提小提琴送给了我。就在我怀着复杂的心情走出公寓，无意中回头看时，我发现那幢公寓楼竟然只有四层，根本就不存在所谓的居住在五楼的麦克劳德先生！也就是说，那位女孩其实早知道我是一个小偷，她之所以善待我，是因为想体面地维护我的自尊！后来我再去找那位女孩，她的父亲却悲伤地告诉我，患骨癌的她已经病逝了。我在墓园里见到了她青色的石碑，上面镌刻着一首小诗，其中有一句是这样的：'把爱奉献给这个世界，所以我快乐！'"

妻子早已在我的叙述中泪流满面，她激动地说："亲爱的，我是多么感激那位让你成长为一个优秀的小提琴演奏家的女孩啊！"

　　三年后，在墨尔本市高中生的一次音乐竞技中，我应邀担任决赛评委。最后，一位叫梅里特的演奏小提琴的选手凭借雄厚的实力夺得了第一名！评判时，我一直觉得梅里特似曾相识，但又想不起在哪里见过。颁奖大会结束后，梅里特拿着一只小提琴匣子跑到我的面前，脸色绯红地问："布里奇斯先生，您还认识我吗？"我摇摇头，"您曾经送过我一把小提琴，我一直珍藏着，直到有了今天！"梅里特热泪盈眶地说，"那时候，几乎每一个人都把我当成垃圾，我也以为我彻底完蛋了，但是您让我重新拾起了自尊，让在贫穷和苦难中挣扎的我，心中再次燃起了改变逆境的熊熊烈火！今天，我可以无愧地将这把小提琴还给您了……"

　　梅里特含泪打开琴匣，我一眼瞥见自己的那把阿马提小提琴正静静地躺在里面。梅里特走上前紧紧地搂住了我，三年前的那一幕顿时重现在我的眼前，原来他就是"拉姆斯敦先生的外甥鲁本"！我的眼睛湿润了，电光石火间，我仿佛又听见那位女孩凄美的小提琴曲，但她也许永远都不会意识到，她的纯真和善良曾经是怎样震颤了两位迷途少年的心弦，让他们重树扼住命运咽喉的信念！

# 第七章　生命中的每一天

生命就像一朵花，它是绚烂的，也是脆弱的；它会枯萎，也会凋零。时光飞逝，珍惜生命中的每一天，生命才会更精彩！

我们谁都知道自己难免一死。但是这一天的到来，似乎遥遥无期。如果我们把活着的每一天都看做是生命的最后一天就更能显出生命的价值。如果认为岁月还相当漫长，我们的每一天就不会过得那样有意义、有朝气，那样充满热情。

走到生命终点的人对生是无比渴望的，他为自己没有来得及做一些事而感到惋惜，为自己没有真正关心爱自己的人而伤感。因为生，我们有权利去爱我们想爱的人；因为生，我们有权利去做自己想做的事，实现自己的人生价值。

20世纪，美国出了一位伟大的女性，她就是海伦·凯勒。海伦·凯勒很小的时候就因病致残，又聋、又哑、又盲，但她却奇迹般地学会了英语、法语、拉丁语等多种语言，她凭着坚强的意志考入哈佛大学的拉德克里夫学院，成为世界上第一个完成大学教育的盲聋人，曾入选美国《时代周刊》评选的"人类十大偶像"，被授予"总统自由奖章"。

《假如给我三天光明》是海伦·凯勒最著名的一篇散文代表作，

她以一个身残志坚的柔弱女子的视角,告诫身体健全的人们珍惜生命,珍惜造物主赐予的一切。她说过:"假如我有三天光明,我将把这三天分为三个阶段:第一天,我要看到那些好心的、温和的、友好的,使我的生活变得有价值的人们。第二天,我将伴着曙色起床,去看一看那黑夜变为白昼的动人奇迹,对整个世界,从古到今,作匆匆一瞥。第三天,我要在现实世界里,在从事日常生活的人们中间度过平凡的一天。"

海伦·凯勒的生活是无声无色的,所以她不敢奢望,只希望能有三天的光明。从她身上,我们可以感受到那种不屈服于命运,自强不息的力量。

生命之花绽放的时候,也是它最美的时候。好好生活,好好做人,让自己每天都很充实,每天都活出别样的精彩。这就是我们给生命最好的礼物。

《追寻充实的生命》:生命对于每一个人来说都只有一次。对于每个人来说,在这有限的生命里,如何度过是非常重要的。"我"是一个追求有丰富、充实生命的人。"我"勇敢而执著,即使在前行的道路上布满荆棘,充满艰险,那也无法阻挡"我"前进的脚步,而"我"的执著最终让"我"看到了光明。生活中的你,是否也能做到这一点呢?

《人世欢乐》:快乐的生活方式是什么样子?是聚敛财富?还是争权夺利?我想,应该是俭朴。因为"它会使你贴近生活的本质而不至于迷失在光怪陆离的表面。它会使你对平凡的生活心存感激,从而不至于因为狂妄的欲念而抬脚把一些维系天地人世的基本准则

## 第七章　生命中的每一天

踢翻，它会使你更多地注意自己的内心，在一点一滴的回味中享受更多的生活乐趣。"

《人格的核心是自信》：自信好比人生的帆船，能够帮助你战胜前进道路上的困难，取得最后的成功，所以你要好好把握。自信还能够让你在前进的道路上永远朝气蓬勃，充满乐观。自信的人天天生活在天堂中，自卑的人则天天生活在地狱里。故事中那只自信的小青蛙，是生活中不能抹去的靓丽一笔，让我们感动，让我们笑对人生。

《倾听滴水》：少年时为了复习迎考，"我"将水龙头关至仅能滴水的程度，下面摆放一只水桶。嘀嗒的水声就这样时时刻刻、无处不在地追逐着"我"。人的生命就在这滴水声中一点一滴流逝。倾听滴水之音，珍惜生命中的一分一秒。

《拥有彩色的人生》：怎样才能拥有彩色的人生呢？"佛光"告诉我们，凡事不能靠别人，只能靠自己；"彩色的心情"告诉我们，"同样的眼睛，装上黑白的心情，看的黑白的世界；装上彩色的心情，看到彩色的世界。"所以，心情的好坏要靠自己把握；"学做一根葡萄藤"告诉我们，做事要扎实，并且要"常修剪"，这样做的学问才实在；"精明能干"告诉我们，精明能干的人不仅要有明确的目标，而且还要真抓实干；"圣诞树"告诉我们，人无完人，做人不要太苛求完美；"收剑难"告诉我们，凡事都要三思而后行。

《如果我是你》：在欣赏别人的光辉的时候，有谁曾经欣赏过自己的光芒？也许我们每个人都不能像爱因斯坦、莫扎特、鲁迅、霍金一样被世界记住，被历史记住，但我们至少要让我们自己记住。

也许我们现在还十分平常乃至平庸，但凭借着记着自己、主宰自己、欣赏自己这三点，在不远的将来，也许就是几年以后，我们便会获得一份能让其他人所折服和欣赏的光辉。

《让我们藏起眼泪微笑》：一个人的情绪受环境的影响，这是很正常的，但你苦着脸，一副苦大仇深的样子，对处境并不会有任何的改变。苦也罢，闹也罢，困境依旧由你来收拾。生活就像一面镜子，当我们哭泣时，生活在哭泣，当我们微笑时，生活也在微笑。那么，我们为什么不选择笑着面对生活呢？就像故事中的家美那样，藏起泪水，微笑着面对，勇敢地往前走。"让我们相信自己就是坚强而快乐的人！"

生命在不停地走着，从少年到青年，从青年到中年，从中年到老年……当有一天，蓦然回首的时候，我们希望，自己走过的地方是一片怡人的风景。

# 第七章　生命中的每一天

## 追寻充实的生命

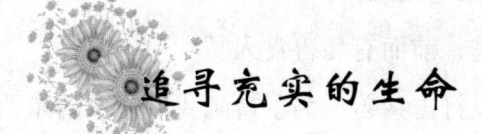

巴　金

我常常做梦。无月无星的黑夜里我的梦最多。有一次我梦见了龙。

我走入深山大泽,仅有一根手杖做我的护身武器,我用它披荆棘,打豺狼,它还帮助我登高山,踏泥沼。我脚穿草鞋,可以走过水面而不沉溺。

在一片大的泥沼中我看见一个怪物,头上有角,唇上有髭。两眼圆睁,红亮亮像两个灯笼。身子完全陷在泥中,只有这个比人头大过两三倍的头颅浮出污泥之上。

我走近泥沼,用惊奇的眼光看这个怪物。它忽然口吐人言,阻止我前进:

"你是什么?要去什么地方?为什么来到这里?"

"我是一个无名者。我寻求一样东西。我只知道披开荆棘,找寻我的道路。"我昂然回答,对着怪物我不需要礼貌。

"你不能前进,前面有火焰山,喷火数十里,伤人无数。"

"我不怕火。为了得到我所追求的东西,我甘愿在火中走过。"

"你仍不能前进,前面有大海,没有船只载你渡过白茫茫一片海水。"

"我不怕水,我有草鞋可以走过水面。为了得到我所追求的东西，甚至溺死，我也毫无怨言。"

"你仍不能前进，前面有猛兽食人。"

"我有手杖可以打击猛兽。为了得到我所追求的东西，我愿与猛兽搏斗。"

怪物的两只灯笼眼射出火光，从鼻孔中突然伸出两根长的触须，口大张开，露出一嘴钢似的亮牙。它大叫一声，使得附近的树木马上落下大堆绿叶，泥水也立刻沸腾起泡。

"你这顽固的人，你究竟追求什么东西？"它厉声问道。

"我追求生命。"

"生命？你不是已经有了生命？"

"我要的是丰富的、充实的生命。"

"我不明白你的意思。"它摇摇头。

"我活着不能够做一件有益的事情，我成天空谈理想，却束手看着别人受苦。我不能给饥饿的人一点饮食，给受冻的人一件衣服；我不能揩干哭泣的人脸上的眼泪。我吃着，谈着，睡着，在无聊的空闲中浪费我的光阴——像这样的一个人怎么能说是有生命？在我，若得不到丰富的、充实的生命。那么活着与死亡又有什么区别？"

怪物想了想，仍然摇头说："我怕你会永远得不到你所追求的东西，或许世界上根本就没有这样的东西。"

我在它那张难看的脸上见到一丝同情了。我说：

"不会没有，我在书上见过。"

"你这傻子，你居然相信书？"

## 第七章 生命中的每一天

"我相信,因为书上写得明白,讲得有道理。"

怪物叹息地摇摆着头:"你这顽强的人。我劝你立刻回头走。你不知道前面路上还有些什么东西等着你。"

"我知道。但是我还要往前走。"

"你应该仔细想一下。"

"你为什么这样不惮其烦地阻止我?我同你并不相识。我甚至不知道你的名字。告诉我,你究竟叫什么名字!"

"已经有很久没有人提起我的名字了,我自己也差不多忘记了它。现在我告诉你:我是龙,我就是龙。"

我吃了一惊。我望着那张古怪的脸。

"你是龙,怎么会躺在泥沼中?据我所知,龙是水中之王,应该住在大海里。你为什么又不能乘雷上天?"我疑惑地问道。这时天空响起一声巨雷,因此我才有后一句话。我看看它的身子,黄黑色的污泥盖住了它的胸腹和尾巴。泥水沸腾似的在发泡,从水面不断地冒起来难闻的臭气。

龙沉默着,它似乎努力在移动身子。但是身子被污泥粘着,盖着,压着,不能够动弹。它张开嘴哀叫一声,两颗大的泪珠从眼里掉下来。

它哭了!我惶恐地望着它的头,我想,这和我在图画上看见的龙头完全不像,它一定对我说了假话。它不是龙。

"我也是为了追求丰富的生命才到这里来的。"它止了泪开始叙述它的故事。它的话是我完全料不到的。这对我是多大的惊奇!

"我和你一样,也不愿意在无聊的空闲中浪费我的光阴。我不愿意在别的水族的痛苦上面安放我的幸福宝座，我才抛弃龙宫。离开大海，去追求你所说的那个丰富的、充实的生命。我不愿意活着只为自己，我立志要做一些帮助同类的事情。我飞上天空，我又不愿终日与那些飘浮变化的云彩为伍，也不愿高居在别的水族之上。我便落下地来。我要访遍深山大泽，去追寻我在梦里见到的东西。在梦中我的确见过充实的、有光彩的生命。结果我却落在污泥里，不能自拔。"它闭了嘴，从灯笼眼里流出几滴泪珠，颜色鲜红，跟血一样。

"你看，现在污泥粘住了我的身子，我要动一下也不能够。我过不了这种日子，我宁愿死！"它回过头去看它的身子，但是跟前仍然只是那一片污泥。它痛苦地哀叫一声，血一样的眼泪又流了下来。它说："可是我不能死，而且我也不应该死。我躺在这里已经过了多少万年了。"

我的心因同情而痛苦，因恐惧而猛跳。多少万年！这样长的岁月！它怎么能够熬过这么些日子？我打了一个冷噤。但是我还能够勉强地再问它一句："你是怎样陷到污泥里来的？"

"你不用问我这个。你自己不久就会知道，你这顽固的年轻人。"它忽然用怜悯的眼光望我，好像它已经预料着，不幸的遭遇就会降临到我身上来似的。

我没有回答。它又说："我想打破上帝定下的秩序，我想改变上帝的安排，我去追求上帝不给我们的东西，我要创造一个新的条件。所以我受到上帝的惩罚。为了追求充实的生命，我飞过火焰山，我斗过猛兽，我抛弃了水中之王的尊荣，历尽了千辛万难。但是我终

## 第七章　生命中的每一天

于逃不掉上帝的掌握，被打落在污泥里，受着日晒、雨淋、风吹、雷打。我的头、我的脸都变了模样，我成了一个怪物。只是我的心还是从前的那一颗，并没有丝毫的改变。"

"那么，你为什么阻止我前进。不让我去追寻生命？"

"顽固的人，我不愿意你也得着噩运。你是人，你不能活到万年。你会死，你会很快地死去，你甚至会毫无所获而失掉你现在有的一切。"

"我不怕死。得不到丰富的生命我宁愿死去。我不能够像你这样，居然在污泥中熬了多少万年。我奇怪像你这样的生活还有什么值得留恋？"

"年轻人，你不明白。我要活，我要长久活下去。我还盼望着总有那么一天，我可以从污泥中拔出我的身子，我要乘雷飞上天空。然后我要继续追寻丰富的、充实的生命。我的心在跳动，我的意志就不会消灭。我的追求也将继续下去，直到我的志愿完成。"

它说着，泪水早已干了，脸上也没有了痛苦的表情，如今有的却是勇敢和兴奋。它还带着信心似的问我一句："你现在还要往前面走？"

"我要走，就是火山、大海、猛兽在前面等我，我也要去！"我坚决地甚至热情地回答。

龙忽然哈哈地笑起来。它的笑声还未停止，一个晴空霹雳突然降下，把四周变成漆黑。我伸出手也看不见五根指头。就在这样的黑暗中，我听见一声巨响自下冲上天空。泥水跟着响声四溅。我觉得我站的土地在摇动了。我的头发昏。

天渐渐地亮开来。我的眼前异常明亮。泥沼没有了。我前面横着一片草原，新绿中点缀了红白色的花朵。我仰头望天，蔚蓝色的天幕上隐约地现出淡墨色的龙影，一身鳞甲还是乌亮乌亮的。

## 人世欢乐

蒋丽萍

白雪公主的后母是贪婪的，那个渔夫的老婆也是贪婪的。在童话里，贪婪的人一般总是没有什么好结果的。可是，这样的教训并没有在我们的心里激起一种畏惧。今天的人们，还是不知道该怎么约束自己的欲望。这可能跟总体上的无神论的气氛有关。当然，也有一种对过去的当权者以"整体利益"来压抑平民百姓的个体发展和基本福利的反动。

当人们把一种朴素的生活方式弃若敝屣，任由心中的欲望如同野马奔腾一样时，有没有人感觉到危险——它将引领我们走向何方？

这是经不起深思的问题。

我们已经被告知，地球上的资源是有限的。耕地在减少，清洁的水在减少，清新的空气在减少，能源在减少……一句话，人类赖以生存的基本条件一日薄弱似一日，就连顶顶乏味的标语口号都在乡间的粉墙上哀求："请给后代多留下一寸可以耕种的土地！"这是

## 第七章　生命中的每一天

由不得人不触目惊心的!

可是,人们依然放纵着自己。聚敛财富的野心和无所不用其极的消费手段一天比一天膨胀,以至许多人面对着那些记载着天文数字的信用卡和价目表,丧失了正常的心率和血压。如果在这个时候再来提倡什么俭朴的生活方式,那就会被人嗤笑——这是一个笑贫不笑娼的年代呀!

然而,我还是要坚持。

假如粗茶淡饭就具备了人体所需的营养的话,我们不必为自己不能天天去赴豪华宴席而感到羞愧;假如衣橱里有着足够我们一年四季穿着的衣裳的话,那就不必为自己缺乏那些名牌而自惭形秽;假如我们能够踩着自行车到处跑跑,为什么非要买一辆不光消耗汽油,而且排放出有害气体的助动车?假如站在街头绿地活动就能增进健康的话,我们为什么要花钱去参加种种以赢利为目的的健身俱乐部?

……

崇尚俭朴的生活方式并不仅仅为了省几个钱。它会使你贴近生活的本质而不至于迷失在光怪陆离的表面。它会使你对平凡的生活心存感激,从而不至于因为狂妄的欲念而抬脚把一些维系天地人世的基本准则踢翻,它会使你更多地注意自己的内心,在一点一滴的回味中享受更多的生活乐趣。

最主要的是,俭朴的生活方式能告诉你:人世的欢乐能持续多久。

# 人格的核心是自信

刘 丹

## 小青蛙的故事

从前有两只小青蛙，溜到农民的房子里玩。它们站到一个坛子沿儿上跳舞时，不小心掉到里面。里面装的是黏糊糊的油，它们想跳出来，油太黏；想爬出来，壁太滑。几经尝试，没有结果，青蛙A边游边想，看来今天是没希望了，怎么也出不去了。反正也没希望了，还游什么呢？这样想着，四肢越发划不动了。

而青蛙B呢？它想，今天真糟糕，怎么都出不去。可是，还是继续游游看吧，也许会找到办法。四肢虽然很累了，可它还是坚持游着。边游边想，只要还有力气，不管怎样，我都要游下去。就在它几乎划不动了的时候，后腿碰到了坚实的固体。原来，黄油在它的不停搅动下凝固了。后来，青蛙B踩在黄油上跳出了坛子，独自回家了。

## 人们为什么喜欢自信的人

小青蛙的故事是我多年前看的，总不能忘怀。我喜欢青蛙B，因为在它身上散发着自信的魅力。很多时候，我遇到困难，失去信心，几乎绝望地要放弃，一想到它，我总能轻松地笑出来，并做些什么来改变现状。如果你不坐以待毙，结果常常是曲径通幽，柳暗花明。

## 第七章　生命中的每一天

生活中，人们大都喜欢自信的人。因为绝大多数人都了解自己有这样那样的弱点，有或重或轻的自卑心理。在面临困难和险境时，自信的人常常是值得信赖并能给人以希望的。即使他们不能帮助自己解决问题，至少也总是带给你信心和希望。与自信的人在一起，困难只是生活中一次不同的体验而非大祸临头。

### 什么样的人有自信

所谓人格，指的是人的稳定心理特征的总和。听起来有点高深，实际上，稳定性的含义是，人们在不同情况下所表现的同样的、常规的状态。比如，有人不管在顺境和逆境，都能保有坚定信念，充满信心，而有人即便一帆风顺，也总是自怨自艾。

很多人对自己的自卑心理深怀遗憾，并羞于示人。其实，从生物学的角度看，人不自信是必然的。人出生时，比任何其他生物物种都要孱弱。除了能哭并四肢乱动外，婴儿几乎什么都不会，甚至有的婴儿连吸吮母乳都不会，完全要依赖别人才能活下来，所以他完全是不自信的，没有谁能逃脱这个规律。但从心理学的角度看，人的一生又是在不断积累着自信的。一个小小的婴孩，学会了爬行，学会了站立，学会了奔跑，学会了说话。每一次成功，都给他带来一点自信。所以，每个人的身上都混合着自卑与自信。

有一种错误的认识，以为那些具有健康人格的人是没有弱点的人。其实，他们也同你我一样，有很多不如人的方面，只是他们了解自己的局限并能坦然接受它。自信的人，认识自己的局限，并接受自己的局限；了解自己的所长，并发挥自己的所长。不去做力所不及的事，但要把力所能及的事做好，这才是充满自信魅力的人。

自信的人，并不是处处比别人强的人，而是对事情有把握，知道自己的存在有价值，知道自己对环境有影响力。他具有较强的自我管理功能，懂得如何安排自己的优势与弱势，而且在自信的心态下，他的优势更容易激发出来。这样的人自我认识接近客观，又怀有积极情绪，人的整体状态会得到最佳组合。

而自卑的人处处要和别人比较，但总觉得比不上别人。自信的人，把眼光放在已有的进步上；而自卑的人，时时把焦点聚在自己的缺陷上。自信的人总是对做什么充满期待和希望，不自信的人总认为做什么都没有用。

那么，自信的人是怎么成长起来的？他在成长过程中，受到了不断鼓励，并学会自我接纳。不自信的人是怎么成长起来的？他在每天的生活中，得到了太多的否定和责备。生活中，怎么对待不自信的别人或自己呢？给自卑的人以成功的机会，给自卑的人每个微小的进步以鼓励和真诚的祝福。告诉自己，也告诉别人：只要做些什么，就会有所不同。

## 小青蛙的故事的另一个结尾

小青蛙的故事有另一个结尾：两只青蛙还没有待到黄油变成固体，就累死在坛子里了。两个哲学家为此而争论。甲说："看，自信有什么用，一样是死亡的结局。"乙说："的确，它们都死了。但是直到死亡的那一刻，青蛙A是悲哀而绝望的，而青蛙B则是充实的，至少是不悲哀的，不绝望的，因为它没有时间去悲哀和绝望。"

每个人的结局难道不都是一样的吗？那么，人与人的不同，就在于过程的不同。

### 我最喜欢的结尾

青蛙 A 疲惫地划动着四肢，青蛙 B 还在奋力地游。它想，虽然现在情况很糟糕，但我还要做些什么。它游到了 A 的旁边，发现 A 四肢的动作缓慢而机械，一副听天由命的样子。它对 A 说："我们两个排成队，我在前边，你在后边，动作一致。然后我们互换位置，这样就能节省很多体力。" A 在它后边，按照它的方式游，果然轻松了许多。

B 边游边继续说话，虽然有些费力："我从来没有在油里游过，今天算是知道了其中的滋味，这倒是健美的一个好办法。如果每天在里面游一刻钟，我们就能成为最健美的青蛙。"说着说着，便唱起它最喜欢的歌。A 虽然很累，但听到这熟悉的歌，不由得忘记了疲劳，一同唱起来了。农妇寻声发现了它们，轻轻地把它们捞起来，洗干净，送它们回家。

## 倾听滴水

何 羽

我常常因幻觉中的滴水声响而惊悸。在睡梦中，在清醒的白天。少年时为了复习迎考，我想出了一个方法（灵感来自悬梁刺股、凿壁透光的勤学故事），在洗手间，我将水龙头关至仅能滴水的程度，下面摆放一只水桶。滴，嗒，滴，嗒，然后，我跑回房间，练习，背书。间或在凝神的瞬间，在绷紧的心思稍一松弛的瞬间，我便听见那滴水的声音在催促。我知道，这会儿，水桶底部已铺上一层水膜，且正以极难察觉的速度攀升。

乃至睡梦中，我也常被幻觉中的滴水声惊醒，猛然坐起，冲进洗手间，胡乱擦了把脸，又坐回书桌前，却两眼发懵，茫然无措。只好倒头又睡，总不敢睡深，半梦半醒之间，思维一片沉重的混浊。

而那滴水的声音，却异常清晰，粒粒分明，坚定，固执，扣人心弦。

这滴水的声音就这样时时刻刻、无处不在地追逐着我。

你听，这滴水是有生命的。

将滴水控制在一秒钟两滴的速度，这水声听起来就像十六七岁的我，年轻，矫健，兴致勃勃，勇往直前，滴，滴，滴，滴，来不及看清什么，来不及后悔什么，细细密密的日子就这样快速地过去了；稍慢一些，就像中年的我，矜持，沉稳，稍作停留，但也不及多想，被身后一大摊琐事杂务推着向前；再慢一些，那就是老年的我，慢慢地渗化出来，汇拢，凝聚，像一颗盈盈欲滴的泪，又像一颗思维的结晶体，饱满，凝重，庄严，掷地有声，像一句古代的誓言。

这滴水的声音，是存在的宣告。而后，一切又归至于沉默的虚无。

你说，这一条波澜壮阔的历史长河，由多少颗这样微弱而真实的水滴汇成的呢？生命投入时间的长河，如一滴水跃入无边的汪洋。世间万物的历程，又与一滴水的生命有什么不同呢？

## 第七章　生命中的每一天

我常常无言以对，滴水的责问。

这滴水功夫，地球上，抑或宇宙间正上演着多少出剧目呢？

这滴水之舟，究竟能承载多少的笑与泪，悲与喜，生离与死别？

一滴水，谁都可以掬之于掌心，然而，谁也无法掂出一滴水的分量，谁也无法将一滴水永远留住。

天地之间，万籁俱寂，唯有滴水声，如珠玑，如佛音，点点滴滴落心头。

神龟虽寿，犹有尽时；腾蛇乘雾，终为土灰；君不见，黄河之水天上来，奔流到海不复回；君不见，高堂明镜悲白发，朝如青丝暮成雪……水滴，石穿，更何况是脆如蝉翼的生命？

前不见古人，后不见来者，有多少智者，倾听滴水之声，浊心因此而明净，他们顿悟后的长叹落在历史的长河中，激起滴水的层层回音，至今不绝如缕。

漫步田野，一颗颗露珠正凝于叶尖。无色，无声。

一忽儿，太阳从地平线升起，光芒四射。

露珠们开始闪烁不定，窃窃私语，如忽明忽灭的萤火。

光线慢慢移过来，移过来。在一个恰当的角度，聚集。瞬时，灵犀一点，心领神会，回应着阳光的这滴水珠便折射出炫目的颜色，赤橙黄绿青蓝紫。雍容富丽，金碧辉煌，如虹如梦……与平生的素朴纯净形成反差。

任何生命拥有的色彩它都拥有，一切大红大绿，大喜大悲，都消融其间，默默包涵，而自身却是剔透无比，通体明亮，这是一种何等的生存智慧！

珍爱生命 学会感恩

甚至，这一滴水的华美比之一颗罕世的钻石更无价，因其转瞬即逝，而更富有灵性，富有生命的绚丽的喧响，因而，美得异常触目惊心，无与伦比。

或许，这一滴水一生的期待，只为了这瞬间的辉煌。

此时，谁敢鄙视，谁敢漠视，这一滴水的存在？

此时，谁还能说，无色与沉默是一种苍白和单调？

无色是至色，沉默是绝响。

也许，人的一生，还不够用来守望滴水升腾为云的历程，但我不能不信奉这滴水之音。

## 拥有彩色的人生

刘 墉

### 佛 光

到峨眉山，大家都希望看到"佛光"。

据说看佛光要在天气晴朗的午后，当云雾渐渐由山谷里升起，站在峨眉山的"金顶"，阳光由背后射来，可以看见云雾间一个人影，四周环绕着七彩的光环。

"那不过是自己的影子，被阳光照在云雾上，又因为空气中的水汽，造成彩虹折射的效果罢了。"看完佛光，我对峨眉山报国寺的和尚说。

原以为他会不同意，没想到他一笑：

"可不是？众生皆有佛性，人人可以成佛，要得到佛光不能靠别人，只能靠自己。"

## 彩色的心情

同样的照相机，装上黑白的底片，拍出黑白的照片；装上彩色的底片，拍出彩色的照片。

同样的眼睛，装上黑白的心情，看到黑白的世界；装上彩色的心情，看到彩色的世界。

每天早上起床之前，先想想——

你今天要为眼睛装上"黑白"还是"彩色"的底片？

## 学做一根葡萄藤

到某个酿酒的葡萄园参观。

"1994年的葡萄最好。"园主说，"因为那一年夏天干燥，生产的葡萄特别甜。"

"葡萄不怕干死吗？"我问。

"新藤怕，老藤不怕。因为老藤的根扎得深，能吸到泥土深远的水分。"园主说，"还有，经过好好修剪的藤不怕，放任它生长的怕。"

"为什么？"我不懂。

"因为叶子长得愈多、藤蔓攀得愈远，需要的水分愈多。所以一干，就受不了了。"

葡萄要扎根深、常修剪，结的果子才甜美。

人也要扎根深、常修剪，做的学问才实在。

## 精明能干

我们常赞美人"精明能干"，问题是"精"的人一定"明"，"能"的人一定"干"吗？

许多人很精，精到仿佛一点亏都不能吃，问题是他的视线不清，总走歪路，是"精而不明"。

又有些人能力超强好像样样精通，可惜不努力、没行动，是"能而不干"。

"精而不明"好比有好枪却没有好射手。

"能而不干"好比有满仓的弹药，却没有军队。

只有真正"精明能干"的，才能打赢人生的这场硬仗。

## 圣诞树

每年12月1号，纽约洛克菲勒中心前面的广场，都有圣诞树点灯的仪式。

超大的圣诞树，据说都是由宾夕法尼亚州，从千万棵巨大的杉树中挑选出来。

有一天我教学生画杉树，顺便提起那棵巨无霸。

"你以为那巨大的圣诞树真是那样的吗？"一个中年女学生神秘地笑道，"错了，多好的树都有缺陷，都会缺枝子、少叶子，必须由我在那里当木工的丈夫，用其他树的枝子补上去，才能完美啊。"

此后，每次我看洛克菲勒圣诞树点灯的新闻，都想起她的话。

# 第七章　生命中的每一天

我想这世上的每个人，无论他多伟大、多有名，都像那样一棵树……

## 收剑难

我在电视公司当记者的时候，常到楼下的摄影棚看拍戏。

有一天，拍武侠戏。男主角的武艺高强，剑才出鞘，敌人已经纷纷倒下，于是潇洒地收剑入鞘。

"Cut，"突然听见导播大声喊停，说男主角收剑的动作太慢，要重拍，于是大伙各就各位，从头再来一遍。

"Cut，"导播又喊，"收剑又太慢，不够潇洒，重来。"

就这样一遍又一遍，短短一个镜头，居然拍了十几次才过关。

终于收工了，却见男主角还在那儿一次又一次地练习把宝剑插回剑鞘的动作。一边练一边叹气：

"拔剑容易，收剑难！"

他这句话一直记在我心里，每当我冲动的时候，都会想："拔剑容易，收剑难。"

## 如果我是你

[台湾] 三　毛

不快乐的女孩：

从你短短的自我介绍中，看来十分惊心，二十几岁正当年轻，居然一连串的用了——最底层、贫乏、黯淡、自卑、平凡、卑微、能力有限这许多不正确的定义来形容自己。

以我个人的经验来说，我也反复思索过许多次，生命的意义和最终目的到底是什么，目前我的答案却只有一个，很简单的一个，那便是"寻求真正的自由"，然后享受生命。

不快乐的女孩，你的心灵并不自由，对不对？当然，我也没有做到绝对的超越，可是如你信中所写的那些字句，我已不再用在自己身上了，虽然我们比较起来还是差不多的。

如果我是你，第一步要做的事是加重对自我的期许与看重，将信中那一串又一串自卑的字句从生命中一把扫除，再也不轻看自己。

你有一个正当的职业，租得起一间房间，容貌不差，懂得在上下班之余更进一步探索生命的意义，这都是很优美的事情，为何觉得自己卑微呢？你觉得卑微是因为没有用自己的主观眼光观看自己，而用了社会一般的功利主义的眼光，这是十分遗憾的。

一个不欣赏自己的人，是难以快乐的。

当然，由你的来信中，很容易想见你部分的心情，你的表达能力并不差，由你的文字中，明明白白可以看见一个都市单身女子对于生命的无可奈何与悲哀，这种无可奈何，并不浮浅，是值得看重的。

很实际的来说，不谈空幻的方法，如果我住在你所谓的"斗室"里，如果是我，第一件会做的事情就是布置我的房间。我会将房间刷成明亮的白色，在窗上做一个美丽的窗帘，在床头放一个普通的

## 第七章 生命中的每一天

小收音机，在墙角做一个书架，给灯泡换一个温暖而温馨的灯罩，然后去花市仔细地挑几盆看了悦目的盆景放在房间的窗口。如果仍有余钱，我会去买几张名画的复制品——海报似的那种，将它挂在墙上……这么弄一下，以我的估价，是不会超过4000台币的，当然除了那架收音机以外，一切自己动手做，就省去了工匠费用，而且生活会有趣得多。

房间布置得美丽，是享受生命改变心情的第一步，在我来说，它不再是斗室了。然后，当我发薪水的时候——如果我是你，我要用极少的钱给自己买一件美丽又实用的衣服。如果我觉得心情不够开朗，我很可能去一家美发店，花100台币修剪一下终年不变的发型，换一个样子，给自己以耳目一新的快乐。我会在又发薪水的下一个月，为自己挑几样淡色的化妆品，或者再买一双新鞋。

你看，如果我是你，我慢慢地在变了。

我去上上课，也许能交到一些朋友，我的小房间既然那么美丽，那么也许偶尔可以请朋友来坐坐，谈谈各自的生活或梦想。

慢慢的，我不再那么自卑了，我勇敢接触善良而有品德的人群（这种人在社会上仍有许多许多），我会发觉，原来大家都很平凡——可是优美，正如自己一样。我更会发现，原来一个美丽的生活，并不需要太多的金钱便可以达到。我也不再计较异性对我感不感兴趣，因为我自己的生活一点一点地丰富起来，自得其乐都来不及，还想那么多吗？

如果我是你，我会不再等三毛出新书，我自己写札记，写给自己欣赏，我慢慢地会发觉，我自己写的东西也有风格和趣味，我真是一个可爱的女人。

不快乐的女孩子，请你要行动呀！不要依赖他人给你快乐。你先去将房间布置起来，勉励自己去做，会发觉事情没有你想象得那么难，而且，兴趣是可以寻求的，东试试西试试，只要心中认定喜欢的，便去培养它，成为下班之后的消遣。

可是，我仍觉得，在这个世界上，最深的快乐，是帮助他人，而不只是在自我的世界里享受——当然，享受自我的生命也是很重要的，你先将自己假想为他人，帮助自己建立起信心，下决心改变一下目前的生活方式，把自己弄得活泼起来，不要任凭生命再做赔本的流逝和伤感，起码你得试一下，尽力去试一下，好不好？

享受生命的方法很多很多，问题是你一定要有行动，空想是不行的，下次给我写信的时候，署名"快乐的女孩"，将那个"不"字删掉好吗？

你的朋友三毛上

## 让我们藏起眼泪微笑

刘　波

"不是不想伤感，不是不想崩溃，只是，崩溃之后还得从头收拾旧河山……"说这话的是我的朋友家美。看她一丝不苟的发型，灰

## 第七章　生命中的每一天

色合体的职业套装，一尘不染的黑色半高跟皮鞋，再加上一脸的灿烂，没有人知道她最近有多狼狈。

先是她的父亲突然中风住进医院，家美和母亲一天24小时守在医院寸步不离。父亲好不容易脱离了危险，母亲又因为又急又累，突然双耳失聪，也得天天去医院治疗。家美在医院——家——公司之间来回奔波，在父母的病床前左右穿梭。两个月下来，她已是花容尽失，成了地道的"骨感"美人。待她把父母亲接回家休养，在外读书的妹妹又打来电话，说她已报考了研究生，请家里汇一笔钱去。家美当然又得打起精神四处借钱……

我从外地回来，听说此消息赶紧去探望她。我一路走一路想家美该是怎样的憔悴，怎样的沮丧。可眼前的家美虽然消瘦，腰身却仍然如往日般挺拔，面对她的笑脸，我疑惑传话的人一定搞错了。待我小心地问起她的近况，家美说："一切都是真的。"我握住她的手说："如果换了我，早垮掉了！"家美拍拍我的手笑："其实我已经垮掉一百回了！"

"可你看上去……"我再次疑惑。

"是啊，我看上去无比坚强，无比乐观，像钢铁战士。所有的人都相信我快乐勇敢，无所畏惧。只有我自己知道，每次从医院回来，骑着单车穿过空旷的大街，我要用怎样的毅力才能爬上四楼。走进家门，我扑在床上只想大哭大叫，可泪水还没流出，心底另一个声音就说：别哭了，省些力气，快睡吧，明早5点起床熬粥，6点到医院，7点30分赶去公司……还有份材料要交……没想完，人已入睡……"家美的脸上满是无奈，却仍然笑着。

在感慨中我只有沉默。

家美接着说:"我真羡慕电影电视剧里的那些女人,她们总能找到一个理由崩溃一番:大吼大叫,大哭大闹,或者狂醉,或者失踪,或者干脆大病一场睡上几天几夜,什么都不管不顾。而且总会有个宽肩膀厚胸膛的男人随时等在旁边,承受她的泪水,然后为她收拾一切残局……可那只是,也只能是荧屏上的女人。现实中,你到哪里去找一个任你把鼻涕眼泪抹满他胸膛的男人?他自己还正有许多说不出的烦心事呢!所以,你唯一的出路就是挺住,拿出无比的坚强和乐观,笑呵呵地对一切询问的目光说,没什么大问题,一切都很好,我能够承受!你也就真的挺过来了。"

从家美处回来已是下班时间,我坐上了公交车,车上都是下班回家的男女,大家对车内的拥挤早已熟视无睹,身体随着车身左右摇晃,手紧紧抓住一切可以抓住的东西。每一张脸都麻木而冷漠。男人们的领带早已松开,西装起了皱,皮鞋蒙了灰;女人们的头发零乱地披在额前,精心描画的妆容也已残缺,没有人在劳累了一天后还能保持在上司面前斗志昂扬的姿态。

当然也有笑脸如花的女人,也有风情无限的男人。可是,他们只在车窗外的广告牌上、霓虹灯里闪闪发光,车子经过他们,他们的光辉映得车内的人更加灰头土脸。他们是天空中灿烂的星辰,是供我们仰望和想象的;而我们只是沉淀在海底的泥沙,卑微无助,在生活的暗流中被驱赶着前行……

家美说得对,不是不想伤感,不是不想崩溃,只是找不到崩溃

## 第七章 生命中的每一天

时可以依靠的臂膀，找不到可以崩溃的理由——崩溃之后又如何呢？一切都没有改变，那片旧山河也还得自己从头收拾。

所以，还是挺起腰，露出笑脸，把所有事情都自己扛着往前走……**渐渐地**，快乐也就成了你的面具，一日一日地戴在脸上，最终成了你揭不去的皮肤，再渐渐渗入你的心里。让我们相信自己就是坚强而快乐的人！

## 敬　启

　　本书的编选，参阅了大量报刊和著述，从中得到了不少启示，也汲取了其中的智慧菁华，谨向各位专家、学者表示崇高的敬意。但是由于联系上的困难，部分入选文章的作者未能取得联系，谨致深深的歉意。敬请原作者见到本书后，及时与我们联系，以便我们按照国家有关规定支付稿酬并赠送样书。